La Energía Femenina

La Energía Femenina

La Energía Femenina

Psic. Adriana Acuña

La Energía Femenina

Diálogos con lo Sagrado Femenino

Titulo: *La Energìa Femenina*
ISBN: 9798575917045
Sello: *Independently published*
1ª. Edición
Todos los derechos reservados
Copyright ©2020 - Psic. Adriana Mayanín Acuña García
Diseño de Portada: CreacionesDigitales online
Fotografía de Portada: Michelle V. Hernández. Captivas
Maquetado: César López Yauzá

Índice

Dedicatoria

A las mujeres que son parte de mi linaje.

A las mujeres que en el camino me enseñaron y me acompañaron a sanar mi energía femenina, maestras y hermanas del alma.

A todas las mujeres que han formado parte de los grupos El poder de tu jardín. Mi círculo de mujeres, todas maravillosas, todas ellas valientes.

Si las escucharas, reirías por sus ocurrencias y anécdotas pero si la vieras llorar cuando sanan a su niña interna tu corazón también sanaría.

Así es el poder de ellas, sanan a sus descendientes con sus lágrimas, sus rituales y con el corazón abierto.

A todas ellas, las que estuvieron, las que están y las que vienen, las honro en mi corazón y les agradezco con el alma dejarme acompañarlas.

Con cariño Adriana

Introducción

La energía femenina la hemos dejado detrás como si no fuera poderosa como lo es la energía masculina cuando en realidad las dos son igual de valiosas. En ese olvido perdimos hasta el concepto de la energía femenina.

A veces creemos que la energía femenina es usar tacones, maquillaje o que ser femenina es ser sumisa, callada o incluso se puede asociar a manipuladora.

Pero, ¿qué es la energía femenina?, ¿Cómo es, cómo la reconozco? A través de este libro buscaré diversas formas de presentarla.

Imagina que estás pasando por una situación difícil y puedes ir a tomar una café con la energía femenina, con sólo verla tus músculos se relajarían, cuando platicas con ella ves en su mirada aceptación, te sientes escuchada pues lo hace con el corazón, mientras toman café tal vez tu mente de vueltas buscando respuestas y soluciones para tu situación, sin embargo ella toma tu mano, con su toque te calma el alma y en ese momento se muestra lo esencial, lo realmente importante, es entonces cuando se aquieta tu alma y respiras.

¿Cómo lo hace? Con su sonrisa, cuando te sonríe sale el aroma de las rosas que va a recordarte que todo estará bien, que todo tiene un propósito, que tienes su fuerza y su bendición para vivirlo.

Si un día estas frente a una mujer que te transmite esto, estás frente a una mujer conectada con su energía femenina, en realidad todas las mujeres y hombres podemos acceder a esta energía, sólo ocupamos reconectarnos.

¿Te gustaría activar tu energía femenina? Si tu respuesta es sí, este es tu libro.

Capítulo 1
Yo no soy eso dijo Ella

¿Qué es la energía femenina?

Todo comenzó con esta pregunta.

Entonces muchas mujeres rápido comenzaron a decir yo no soy femenina y les pregunté, ¿por qué piensas así? Y respondieron, yo no soy detallista, no me maquillo mucho, no ando con vestido, no soy delicada, no soy como las otras mujeres, no uso tacones.

Entonces dijo Ella, así no soy yo, eso no me define, la energía femenina no tiene nada que ver con tu vestimenta, de hecho mientras más te maquillas, más usas ropa o zapatos que te lastiman más energía masculina tienes.

Déjame me presento dijo Ella.

Yo soy el fluir y el placer de la vida, yo soy la fe y la esperanza misma, yo soy la abundancia y la certeza, yo soy la salud y la alegría de vivir.

Yo soy saltar en el charco, andar en bicicleta, yo soy lo que sientes cuando bailas, yo soy la energía que recorre tu cuerpo cuando ríes a carcajadas.

Yo soy el buen abrazo entre dos personas que se aman, ese abrazo apretado que llena el alma.

Yo soy el sí a la cosas como son, sin resistencia, todo tiene sentido y todo es perfecto, yo me rio del porvenir pues sé que estoy acompañada, soy poderosa y espiritual.

Soy el opuesto al estrés y al miedo, soy amor. Soy tu autocuidado, soy tu aceptación total, soy la mirada de amor y el contacto que desvanece cualquier pelea, soy la medicina a las heridas infantiles.

Soy el abrazo que tanto buscas.

Soy lo que sientes cuando ves el mar y cuando estás entre los árboles y los ríos, soy la madre naturaleza, soy fructífera, escucho el corazón y no las palabras, hablo con la mirada para que me escuche tu alma.

Soy como el agua, fluyo como el rio y si encuentro un obstáculo, no me frustra y no lo quiero cambiar o quitar simplemente lo rodeo, lo abrazo y lo paso.

Soy la sonrisa del corazón. Soy el consuelo, soy más la luna que el sol y le agradezco que me llena de su luz.

Soy como el mar, subo y bajo, no soy lineal, soy cíclica, pues soy la vida misma, soy un proceso y no la meta final. Soy el disfrute, soy el llanto que surge de la madre al dar a luz a su hijo.

Soy la fuerza creadora. Soy luz que brilla, mi poder radica en el ser y no en el hacer. Mientras más soy más logro lo que deseo.

Esa soy en pocas palabras.

Entonces la energía femenina guardo silencio y fue entonces que las comenzó a enamorar, pues se dieron cuenta que la necesitaban más de lo que sabían. Muchas de ellas desde muy pequeñas habían necesitado el amor, el consuelo, la caricia y el abrazo de la energía femenina.

Capítulo 2
Reconectar

Muchas veces creemos que la energía femenina es una mujer delicada, llorando sin controlar sus emociones.

Una mujer con energía femenina es una mujer que se respeta y respeta sus ciclos, para ello debe conocerlos, respetarlos y honrarlos. Es una mujer que se permite ser sensible y sus emociones están a su servicio, se sabe un potencial creador.

La mujer con energía femenina es capaz de intimar y lograr lo que desea desde su centro y no desde su hacer. Se cuida y se relaciona sanamente con los demás.

Sin embargo por la sociedad en que vivimos nos desconectamos de la energía femenina y además dejamos de conocerla y valorarla, como sociedad estamos desequilibrados con tanta energía masculina que en exceso se vuelve tóxica.

Este es un llamado para equilibrarnos y tener una mejor calidad de vida personal, familiar y laboral, formar una mejor sociedad, donde lo masculino y femenino se respete, se honre desde el alma pues los dos son necesarios para vivir.

Para poder reconectar con la energía femenina primero necesitamos conocer como fluye la energía femenina en la mujer, que es esto de ser cíclicas.

Quiero de todo corazón que las mujeres después de este libro o los talleres de energía femenina que imparto empiecen a transmitir esto a sus hijas, deseo que regresemos a iniciar a nuestras hijas adolescentes en su poder femenino, pues muchas de las adolescentes sufren al no conocerse, no saber qué hacer una vez que la menstruación aparece y qué hacer con sus emociones.

Algunas mujeres me dicen que sufren por que no son como los hombres pues los hombres son más lineales, no tienen tan marcados sus cambios emocionales y por eso creen que hay algo malo en ellas. Sin embargo esto está muy lejos de la realidad. Las mujeres no somos lineales, somos cíclicas y si aprendemos a vivirlo nuestra vida se vuelve un espiral ascendente.

Durante un mes, las mujeres pasamos por cuatro etapas, cuatro semanas y luego llega nuestra menstruación y volvemos a empezar, esto sucede gracias a nuestro sistema hormonal, sin embargo aunque una mujer ya no este menstruando aplica igual pues sigue teniendo un sistema hormonal.

Miranda Gray es una de las mujeres que habla de estas cuatro etapas, te compartiré desde mi experiencia como fue descubrir esta información y llevarla a los talleres que hago con mujeres.

Si las mujeres deseamos reconectar con nuestra energía femenina necesitamos comprender que somos cíclicas tal como nuestros periodos menstruales. Muchas mujeres ignoran esta información y el poder que se posee por ser cíclicas.

Para conectar con lo sagrado femenino, necesitamos conocer nuestros ciclos y sanar nuestro lado femenino, para ello debemos pasar por algunos lugares que se pudieron haber quedado en el camino, pues las mujeres que tienen más energía masculina tienen una historia, un por qué sucedió así.

En el taller que imparto "El poder de tu jardín", hablamos de los ciclos y después vamos por un viaje sanador de la hija de papá y la herida materna, para al final del camino reconectar con lo sagrado femenino. En el proceso les comparto que todos tenemos energía femenina y masculina. Todos los seres humanos tenemos estas dos energías dentro, pues venimos de un hombre y una mujer. Sin embargo a veces vivimos desequilibrados, existe el hombre que posee más energía femenina y le es difícil alcanzar metas, dirigirse en la vida, sin embargo es muy bueno disfrutando, dejando ser y dejando pasar, pues su energía femenina se lo permite.

Por otro lado existe la mujer con desequilibro hacia lo masculino, lo cual causará que la mujer sea exitosa en lo laboral, le fluya el dinero, alcanza las metas que se propone pero le cuesta conectar con sus hijos, su mundo emocional, el fluir o dejar de controlar pues tiene exceso de energía masculina.

Cuanto tenemos exceso de una de las dos energías se llama masculino o femenino tóxica pues todo en exceso se vuelve dañino. El ideal es encontrar el equilibrio entre lo masculino y femenino sagrado.

¿Cómo saber si tengo más energía masculina?

Revisa cuantos de los siguientes puntos cumples.

Mayor enfoque en lo externo, estás más enfocada en el trabajo, en las metas, en el hacer, en todo lo que pasa en el mundo externo más que en el mundo interno.

Necesidad de ser reconocida y valorada por los demás. Estas buscando que lo que haces por los demás sea reconocido, te den las gracias, seas valorada a través de todo lo que haces y logras.

Separada de la energía del alma, la que nos dice qué es lo que realmente necesitamos. Cuando tienes algún problema o situación difícil automáticamente se activa la mente dando vueltas y más vueltas para ensayar los escenarios y en busca de respuestas, no conectas con el alma o el corazón para que descubrir lo más importante.

Se conduce por inseguridad, se busca forzar y cumplir estándares externos. Normalmente puedes estar muy agotada pues te exiges demasiado y nunca es suficiente, siempre pudo haber sido mejor, juzgas fuerte tus errores y aunque logres o hagas cosas, en el fondo te sientes insegura y justo ese sentimiento es el que te mueve a hacer más.

Buscas el norte afuera. Ante una problemática preguntas que harían los demás, su opinión, incluidos libros o personas, investigas sobre el tema. Crees que la respuesta estará afuera.

Buscas la seguridad a fuera, por ello te vuelves controladora y competitiva. Te cuesta soltar, te comparas y compites con los demás, aunque sea sólo en tu imaginación, estás buscando inconscientemente que un día llegue algo a tu vida, logres o alcances algo donde por fin te sientas segura, esa inseguridad te lleva a querer controlar todo y a todos. Tienes miedo y no encuentras el camino a casa.

Dependencia de cómo actúan los demás. Estas atenta a que hizo el otro o que dejo de hacer y estas constantemente juzgando si eso fue justo o no, fue bueno o no y dependiendo de esos resultados será tu estado de ánimo.

Ego tenso, ansioso e impaciente. Las cosas deben salir como tú las planeaste, cuando salen de tu control o no las hacen como tu esperabas te molestas porque tú tienes la razón, tú sabes cómo se hacen las cosas, no te das cuenta que estas tratando de controlar la vida. Ello te vuelve impaciente, tus músculos están tensos. Te cuesta creer o pensar que la vida tiene su propio camino y fluir, que tiene mejor control que tú y su sabiduría es mayor a ti. La vida siempre pasa por algo y todo es perfecto, que no nos guste lo que sucede es otra cosa pero todo es como tenía que ser.

Miedo a rendirse a lo desestructurado. Llevas un control de las cosas y te cuesta rendir tu ego, tus deseos, decir que se haga tu voluntad y no la mía. Estar desestructurada te causa estrés pues no puedes controlar. A veces las personas controladoras tienen oraciones donde le dicen a Dios que hacer, cómo y cuándo. Cuida, quita, pon, cambia, así es tu necesidad de controlar.

Miedo a soltar el control. Cuando sólo tenemos energía masculina y se vuelve tóxica, se separa de la espiritualidad, se separa del amor, te llenas de miedo pues el miedo es la ausencia del amor y el amor es Dios, el miedo es la ausencia de la espiritualidad que te conecta con lo divino.

Neuróticamente ocupada todo el tiempo. Todo el día estas ocupada, al día le faltan horas, todo fue para ayer y si de casualidad terminaron antes las actividades inventarás nuevas. Te cuesta recostarse en un sillón para hacer nada, sólo estar, por lo cual te molesta ver a otros descansar o tener tiempo de ocio pues es algo que no te permites.

Si en algunos de los puntos te identificas es porque en ese punto tienes masculinidad tóxica, es decir un desequilibrio que está necesitando de la energía femenina.

Algunas de las características de la energía femenina.

Cuando activamos la energía femenina en nosotras las siguientes características se comienzan despertar en nuestra vida. Dando como resultado una vida más disfrutable y equilibrada.

Sabiduría. La mujer con energía femenina está conectada a una sabiduría más grande que ella, es por eso que cuando se presenta una dificultad sabe que la respuesta está en la conexión con algo más grande y dentro de ella misma.

Intuición. Esta característica es muy importante, pues cuando nos separamos de la energía femenina cambiamos la intuición por la razón y el pensamiento. Desde la masculinidad tóxica menospreciamos a la intuición, las corazonadas no son nada, sin embargo cuando una persona ha trabajado en su intuición y descubre que dentro de ella hay una sabiduría, un saber sin saber cómo sabe, pues para la mente es difícil de explicarlo, una vez que esta cualidad se activa, la persona se expande y se vuelve con mayor confianza y libre en su vida.

Amor. Definitivamente la energía femenina está llena de amor, pues ama a las personas, ama la vida misma tal como es, no tiene un apego, es un amor espiritual, pues esta conectada con la fuente de vida de donde viene el amor.

Compasión. Haber transitado su vida y sus dolores sabiamente es energía femenina, la masculinidad tóxica aún se pelea con el pasado y en cómo fueron las cosas, sin embargo cuando todo fue procesado por el alma, la persona tiene compasión por los demás pues reconoce los caminos de dolor y no los juzga, sabe lo difícil que puede ser, no busca cambiar a nada ni nadie pues sabe que los tiempos son perfectos.

Sensibilidad. Al estar en contacto constantemente con su mundo interno la sensibilidad está a flor de piel, puede llorar de alegría o dolor, se puede enojar pues es flexible para permitirse vivir la gama de emociones como parte de la vida sin juzgarse como loca, pues sabe que son parte de su ciclo para generar vida.

Belleza. La belleza la lleva dentro, no es una belleza superficial, es la belleza del alma, esa que se admira a través de sus acciones y conductas, de su ritmo y sus palabras y al ser una belleza del alma la puedes contemplar en su mirada, sus ojos brillan, pues encuentras dentro amor, paz, fe y esperanza. Su mirada te dice todo estará bien.

Creación. La energía femenina es creación y creatividad, lleva dentro de ella misma los ciclos de la vida, sabe sembrar, cuidar, nutrir, esperar hasta cosechar, esto lo aplica en todo, desde su jardín sus hijos, sus proyectos y su relación de pareja. Ella se permite crear.

Sí. La energía femenina es el sí, es apertura, es aceptar y es recibir, es incluir, es fluir y dejar ser. La palabra si nos abre el corazón pues nos lleva a la aceptación, no a la resignación, a la aceptación que es muy diferente, pues la aceptación es decir sí a la enseñanza que viene con esto, al crecimiento que esto conlleva, pues lo único que quiere es que te transformes mientras que la resignación es soportar una situación cerrándote al cambio, sin evolución. La palabra sí, encierra gran parte de la sabiduría femenina.

Beneficios de reconectar con la energía femenina.

Capacidad de vivir con placer en el día a día. La capacidad de disfrutar y sentir placer es uno de las características que más distinguen la energía femenina.

Vivir con calidad. Sólo una vida en equilibro puede darnos esa calidad para disfrutar de cada área de nuestra vida.

Tener sentido de vida, cuando una persona está conectada a su energía femenina también conecta a sus dones, talentos y los pone al servicio de los demás.

Vivir mejor el amor en pareja, cuando estas en la energía femenina eres la mujer en la relación de pareja y no la madre de tu pareja o padre de familia. Puedes vivir desde tu lugar de mujer.

Vivir mejor la maternidad. Las mujeres que tienen abiertos sus canales de energía femenina pueden conectar y crear vínculos fuertes con sus hijos a nivel emocional.

Vivir con el poder de la mujer, es vivir en ciclos creadores de vida para generar proyectos o mejores relaciones.

La mujer vive en ciclos, la vida son ciclos, tenemos el ciclo de la vida, nacer, crecer y morir, tenemos el ciclo del agua que pasa de los ríos a las nubes, la vida está llena de ciclos y etapas. Si un ciclo deja de pasar a otra etapa, ese ciclo se estanca y la vida se acaba.

La vida misma en el planeta tierra pudiera acabar si no hubiera ciclos. Las mujeres que no conocen o no aceptan sus ciclos pierden vida, cuando no sabemos sacar provecho a estos ciclos, cuando no los respetamos, es como si un año se quedara en primavera, entonces tampoco vendrá todo lo que trae las otras estaciones.

Los ciclos y los espirales

La mujer que aprende a respetar sus ciclos su vida se vuelve un espiral ascendente, si la mujer no hace lo que toca hacer en cada mes, en cada ciclo, el siguiente mes será otro ciclo que se abre al mismo nivel sin crecimiento. Sin embargo cuando la mujer esta conectada a sus ciclos lo que provoca es que su vida se vuelva un espiral y cuando llega el siguiente mes abre de nuevo su ciclo lista para crecer y expandirse utilizando su poder de crear. La mujer es un potencial creador, lleva dentro de ella el portal de la creación y la entrada al mundo, poseemos la puerta por donde se pasa del mundo no físico al mundo material, por ello tenemos las características de la vida misma en nuestro ser, en especial en nuestro útero.

pasa del mundo no físico al mundo material, por ello tenemos las características de la vida misma en nuestro ser, en especial en nuestro útero.

Capítulo 3
La mujer y sus ciclos.

La mujer vive un ciclo de cuatro estaciones cada mes. Estos ciclos varían de mujer a mujer. Son como los ciclos de la luna, luna llena, menguante, creciente y luna nueva. Son las cuatro estaciones del año, primavera, verano, otoño e invierno. Son las cuatro etapas de vida, adolescente, madre, mujer madura y anciana. Son también llamados los cuatro arquetipos, en pocas palabras somos, cuatro mujeres en una. Esta información Miranda Gray lo explica en varios de sus libros.

Con la siguiente información las mujeres podrán comprender que sucede durante cada mes a partir de la menstruación.

En el mes vamos cambiando de una mujer a otra cada semana. Vamos a ir en el siguiente orden para que vayas conociendo cada una de estas mujeres. Sin embargo yo he visto que cada mujer la vive en diferente orden.

La doncella

Si queremos entender a la doncella en su máximo esplendor te recomiendo ver la película de Valiente, ella es la encarnación misma de la doncella. Veamos unas características.

La doncella es el renacer, sientes la posibilidad de que todo inicie de nuevo, la mentalidad cambia, quieres volver a intentar, tienes fuerza y ánimo para iniciar.

Acción, en esta semana te sientes llena de energía, jovial, quieres salir, contactar con personas, platicar con amigas, en general convivir. También posees energía para trabajar, llevar a cabo nuevos proyectos, sacar adelante aquellos que estaban en espera y que no habías podido terminar, tienes la energía para limpiar y hacer aquellas cosas que en otros momentos no quieres hacer. Te sientes dinámica y radiante. Te gustas y te agrada tu propio ser. Sientes confianza en ti misma. Te es más fácil concentrarte y tienes más ambición. Buscas explorar. La sexualidad se vuelve fresca y juguetona.

La sombra de la doncella

La mujer que se quiere mantener aquí se vuelve muy social y trabajadora, quiere salir constantemente o está trabajando todo el tiempo, eso la lleva a estar desconectada de lo maternal y empático. Le cuesta conectar con su mundo interno, quiere estar siempre llena de energía y vida, no se da pausas, busca ser lineal, huye de su lado oscuro y puede llegar a ser ingenua, ignorante e impulsiva.

La madre

En esta semana lo más importante son las relaciones, sobre todo las cercanas, buscas relaciones íntimas, te vuelves más abnegada y llega un deseo por cuidar de los otros, es por eso que está relacionado con la maternidad, una necesidad de asumir responsabilidades, es un buen tiempo para alimentar proyectos o una relación en particular, la sexualidad se vuelve más profunda y necesidad de compartir.

La sombra de la madre

La mujer que se queda aquí le es difícil decir que no, le cuesta poner límites, se puede convertir en complacedora, busca ganarse el amor de los demás haciendo cosas por ellos, por eso puede llegar a sobrecargarse, da demás y tiende a infantilizar a quienes la rodean, hay poco interés en si misma, por eso es que necesitamos la entrada de la chamana.

La chamana

En esta semana buscas vivir más para ti, ya no cuesta poner límites, se empieza a experimentar más enojo y no hay ganas de socializar, es el momento de empezar a ir al interior, al lado oscuro que muchas mujeres no les gusta visitar pues duele ir a ver sentimientos como ira, tristeza, frustración, etc. Sin embargo gracias a la fase de la chamana y anciana vividas adecuadamente, la doncella y la madre pueden resplandecer.

La chamana ya sabe cuándo dar y cuándo no , sabe también darse tiempo para ella sin culpas, ella empieza a ser el centro de su bienestar, una chamana encuentra su ser interno, descubre sus dones y talentos, se convierte en mujer medicina para ella y los demás, pues su sabiduría está conectada a lo espiritual, se vuelve creativa, confía en si misma y en su poder interno, busca la expresión artística, escribir, bailar, meditar y conectar con su ser.

Hay poca concentración y no desea conectar con cosas superficiales, es probable que en esta semana sueñes más y tu intuición crezca, por eso es importante aprovecharlo para conectar contigo misma.

La sombra de la chamana

En esta semana es importante que te permitas llorar y todo lo que necesites hacer, si no lo haces quedarás como una mujer con poca esencia, superficial, sin sabiduría, es importante tener el valor de ir a nuestra sombra, descubrir nuestro dolores, ir a la parte oscura de nuestra cueva y justo ahí encontraremos sabiduría, aprenderemos a sanarnos a nosotras mismas para después sanar y compartir la sabiduría con los demás.

Las mujeres que no entran a la chamana y anciana adecuadamente, la calidad de la doncella y la madre disminuyen pues hay poca profundidad, conexión y sabiduría.

La anciana

Se llama etapa de muerte, tiempo de introspección, aquí las mujeres deseamos dormir, nos sentimos cansadas y no queremos hacer nada, mientras en la chamana fue un tiempo de reflexionar sobre las cosas que ya no queremos, lo que nos enoja, lo que deseamos cambiar. La anciana sabia es un tiempo de soltar, dejar ir, descansar, se está cerrando un ciclo, luego vendrá la doncella donde tendremos la fuerza y vitalidad para ir por lo que deseamos, pero por ahora es un momento para dejar atrás lo viejo.

La sombra de la anciana.

Si no te permites estas dos últimas etapas puedes volverte sumamente irritable, tal vez necesiten aparecer síntomas físicos para que te permitas descansar. Muchas mujeres rechazan esta etapa pues les cuesta estar con ellas mismas, descansar o meditar. No les gusta el silencio pues no quieren escuchar sus sentimientos. Sin embargo es necesario para los ciclos de la mujer, es una etapa como el llanto después de llorar te sientes mejor, pero hay que llorar y permitir que esta etapa también tenga su lugar.

"Si pudieran entender que la magia de la mujer no es locura ni brujería, que no somos locas si no cuatro mujeres en una compartiendo el mismo cuerpo, sí, somos cuatro y somos una, somos cíclicas y no lineales como los hombres, si pudieran entender que como la luna y sus fases nosotras también cambiamos cuatro veces durante el mes, si pudieran entender, todo sería más fácil. Juliaro".

La cueva mágica de Sofía.

¿Quién eres tú? preguntó Sofía, yo soy alguien que vivo dentro de ti pero aún no me conoces, veo que me añoras y sufres porque crees que estoy ausente, sufres buscándome afuera, tienes miedo de venir y conocerme, cuando te hablan de mi incluso puedes hacer gestos o cara de desagrado, crees que soy molesta.

Entiendo que no sepas acercarte a mí, entre tú y yo hay memorias de dolor de generaciones que distorsiona mi imagen, me ves y ves dolor, me ves y no sabes para que estoy. Me ves y quieres rechazarme o protegerme.

Deja te cuento quien soy, vamos y hagamos una caminata, mientras caminamos por este sendero lleno de árboles y flores cuéntame de ti, de tu historia. Sofía accedió y mientras caminaban no dejaba de hablar, mientras hablaba se daba cuenta que esta mujer la miraba con amor, curiosamente no la aconsejaba, no la juzgaba, no la interrumpía, mientras hablaba y la miraba a los ojos, la mujer le decía con su mirada una frase, te amo tal como eres, me deleito en tu existencia.

Después de la caminata la mujer la llevo a la playa, ahí la mujer la invitó a jugar, le dijo anda vamos, metete al mar, comenzaron a correr como si nada pasara, invitó a sus amigas y entre todas hacían algarabía y las risas se escuchaban desde lejos. Entre ellas se entendían, pues casi casi se hablaban con las miradas y gestos.

Luego la mujer le dijo ven Sofía que se está haciendo tarde, Sofía ya estaba algo cansada, no quería estar con amigas, quería estar sola, quería pensar y meditar, quería aislarse, entonces la mujer la invitó a un lugar en soledad pues el sol estaba cayendo. Mientras tanto la mujer le preguntó, ¿qué te molesta tanto? y mientras le contaba, su presencia la llenaba de fuerza, sentía que nada sería imposible, la mujer le hacía sentir que mientras ellas estuvieran juntas todo estaría bien, eran fuertes y capaces de lograr lo que quisieran.

Fue entonces cuando Sofía le dijo, soy muy enojona y la mujer le dijo, sí, lo sé, ¿y qué más eres?, egoísta, tonta, torpe, dejada y comenzó a hacer una larga lista de las cosas que le molestan de ella y de los demás. Entonces la mujer le dijo y así te amo. Además que bueno que lo ves, pues es hora de hacer magia, de hacer milagros. En eso la mujer se convirtió en una bruja espantosa nada que ver con la mirada amorosa de un inicio y la tomó con una fuerza que salía de sus manos, levantó del piso a Sofía y la arrojó a una cueva y le susurró, es hora de cambiar, es hora de transmutar, ¿pero qué haces? le dijo Sofía ¿por qué me metes en esta cueva?, porque es hora de cambiar, ¿pero no decías que así estaba bien? ¿me quieres matar? ¿eso es lo quieres? me engañaste, no te engañé, contestó ella, pero si te quiero matar, es hora de morir, entra ahí que no podrás salir, si lo intentas mi hechizo te lo impedirá, te dolerá todo, cabeza, vientre, cuerpo, no te asustes pero incluso sangrarás…pero ¿por qué? ¿Para qué?

La mujer contestó, tu eres un ser dador de vida, eres un ser que evoluciona, tu poder está en la capacidad de crear, transformarte, convertirte en una mejor versión una y otra vez, cuando lo haces así, tendrás la magia de la alquimia en tus manos, podrás hacerlo con quienes amas, no te puedo decir más, entra a la cueva y no salgas, estoy esperando a tu nueva yo.

Al cabo de unos días, salió una mujer rejuvenecida, bella y llena de vida, pues cual víbora había entrado a dejar su piel en la cueva, dejar todo aquello que ya no le servía, lo que ya era inútil seguir cargando, en esa oscuridad y sin poder salir, encontró por fin su luz. Cuando salió y vio a la mujer le dijo gracias pues ahora puedo disfrutar más de la vida, entonces ahora la bruja era una bella mujer que la miraba con amor y le decía, cuéntame ¿cómo estás?, hagamos una caminata. Sofía le dijo sí, hagámosla, pero ahora consciente, ¿Cómo? Preguntó la mujer, Sofía contestó, estando en la cueva encontré a una anciana que me dijo el secreto, que cuando salgo de aquí me tomas y me llevas por un camino, ahora sé que eres el poder de mi jardín, de mi esencia, eres el poder de ser mujer, ser cíclica, eres parte de mi energía femenina que con amor me acompaña y con amor me lanza para convertirme en una mejor versión, ¡Vamos! le dijo Sofía, estoy lista para mi siguiente ciclo, ahora consciente que salgo al jardín para regresar a la cueva y convertirme en mujer medicina, estoy lista, pues ahora entiendo el poder de mi jardín.

Capítulo 4
El secreto para que los hombres comprendan a las mujeres.

Creo que es importante que el hombre conozca a la mujer, acepte y honre estos ciclos, que los hombres también sepan que dentro de cada mujer viven cuatro mujeres y que durante el mes él se relaciona con las cuatro.

Cada una de estas mujeres reaccionará diferente a las mismas acciones del hombre, es por ello que cuando el hombre las conoce, puede convivir con las cuatro, pero cuando las acepta comienza amarlas pues sabe que aunque la mujer de esa semana no le agrada del todo sabe que ella es necesaria para la llegada de las que si le agradan.

Aclaro que los puntos que veremos aquí, estas cuatro facetas, el hombre las podrá notar con más claridad si en la pareja no hay años de resentimientos, faltas de perdón o dolor.

Una vez que los hombres comprendan esta información podrán ver el milagro de la creación y la trasformación cada mes, no solo dirán "está en sus días", si no que podrán respetar cada etapa lo cual beneficiará la relación de pareja.

La doncella en pareja

Cuando tu pareja o la mujer que vive contigo esta en esta fase, o dicho de otra manera esta activada esta mujer o arquetipo es probable que tú seas el hombre más feliz del mundo, pues te ama, te abraza, la ves reír y gozar de la vida, quiere hacer cosas contigo que en otros días no se atrevería, en esta etapa para ella tu eres su héroe, es cuando más fácil puede notar tus cualidades y se siente agradecida de tenerte, siente que te ama. Recuerda tienes una adolescente en casa enamorada de ti. La sexualidad se vuelve juguetona y atrevida.

Consejo

Disfrútala, ríe con ella, permítete también disfrutar la vida, goza sentirte amado por su corazón libre y lleno de energía. Conecta con esta energía de ella, recuerda que tú también tienes energía femenina, no estaría mal que te contagiarías un poco de ella, la vida no sólo es trabajar y demostrar, recuerda que la vida se vive.

Disfruta con ella, será muy fácil llevar a cabo los planes, nuevas aventuras, ver las cosas desde otra perspectiva mucho más relajada, con menos miedo. Disfruten juntos. Conecta con la alegría de vivir junto con tu pareja.

Si de casualidad deseas planear una salida esta sería la mejor semana.

La madre

En esta etapa la verás con muchos deseos de intimar en las relaciones, se vuelve **más maternal**, aun muestra que te sigue amando, quiere ayudar, apoyar, cocinar, está muy al servicio de los demás, entre ellos tú, los hijos, amigas o familia cercana, quiere estar más en familia y en casa.

Consejo

Es una excelente semana para pasar tiempo en familia, la verás feliz y radiante si eso pasa. Pueden tener pláticas más profundas, busca pasar tiempo de calidad. En la sexualidad ella busca más primero la intimidad emocional para desear la relación sexual.

Si ella no sale de esta etapa, la notarás cansada, quejándose porque no le alcanza el tiempo para ella, ella se pone al final de la lista, le cuesta decir que no y todos son primero que ella, está buscando ganarse el amor a través de lo que hace, quiere ser una buena madre y si no equilibra bien esta etapa termina explotando, reclamando y después se siente mal por explotar, pero recuerda esto es sólo si vive en desbalance con el arquetipo de la madre.

La chamana

Aquí tu pareja está entrando a su parte oscura, su alma, su ser, su cuerpo le está pidiendo dejar de estar en el afuera para estar con ella misma, necesita tiempo a solas para revalorar, descansar, para revisar cómo se siente y por qué.

En la chamana encontrarás que se siente fea y no se acepta a ella misma, está buscando y se enfocada en defectos, puede estar molesta con todos y con todo, no se tolera ni a ella misma, a veces está cansada pero no se permite descansar o estar sola a menos que tenga dolor de cabeza, dolor en el vientre o extremo cansancio.

Cuando la mujer ya sabe trabajar con la chamana verás que ella pide su espacio, busca alejarse pues ya sabe que necesita ir a su interior, necesita conectar con su intuición, sabiduría, sacar sus dolores y frustraciones. No tendrá ganas de cocinar, pero empezará a hacer cosas que la conecten con su ser interno, como pintar, bailar, meditar, descansar, etc.

La mujer que se respeta en esta etapa buscará acomodar sus tiempo para descansar, estar con otras mujeres para reconectar con la vida. Dejará lo mundano y se conectará con lo espiritual.

Consejo

No la quieras sacar de su cueva, la naturaleza hace todo para meterla aunque ella no quiera, no es fácil entrar a esa cueva pues se encontrará con lo que rechaza, con sentimientos difíciles, con heridas, pero justo ahí encuentra su verdadero ser, la fuerza que emana de su sombra, de perdonarse, de encontrar el valor para cambiar, para decir no a lo que no quiere y sí al camino que anhela.

Respétala, déjala meterse a la cueva, escucha y no intervengas, déjala entrar a su sombra, a su tiempo saldrá.

En este tiempo puede recordarte las cosas que no le gustan de ti, que no sabe si seguir o no, que está harta de mil cosas, aunque la semana pasada hubiesen tenido una semana maravillosa. Es posible que no sepa qué la tiene así, cuando no tiene un buen manejo de esta etapa buscará tus defectos para decírtelos y hacerte cargo de sus emociones.

No te preocupes por las cosas que te diga en esta semana, ya hablarán en otra semana para acomodar en su justa medida lo que se habló.

En esta etapa puede ser que no desee tener relaciones sexuales, que su libido baje, no es que no te ame, necesita estar para ella. Lo más importante no lo tomes personal.

Te sigue amando pero necesita estar sola.

La anciana sabia

No todas las ancianas son sabias, para llegar a la anciana sabia es necesario saber pasar por las 4 anteriores, aquí notarás que va saliendo de la cueva oscura pero esta más reflexiva y ocupa descanso, ocupa dormir, aquí es donde te ama con un amor más maduro y sabio, reflexiona sobre la esencia de la relación y de tu propio ser, aquí puede cobrar fuerza la relación y cómo te mira.

Ama a las cuatro, las cuatro son necesarias, ninguna es mala, una da paso a la otra y sólo si se respetan, es que las cuatro pueden vivir en armonía. No le pelees, ni juzgues a la chamana, no te desesperes con la anciana pues ellas bien vividas dan paso a la doncella y a la madre, los lados que son luz de la mujer, los lados que son más fáciles de disfrutar.

Ámala completa no por partes, ámala toda.

Más allá de los ciclos menstruales.

Las mujeres vivimos estas cuatro mujeres en un mes, pero también tenemos etapas o periodos de vida, hay mujeres que en sus veintes vivieron como ancianas y en sus treintas son doncellas. Hay mujeres que a los cincuentas están en la etapa de chamana.

Los arquetipos también se presentan por etapas de vida. Si bien la mujer vivirá las cuatro mujeres en un mes, también de una etapa de vida a otra entra a otro arquetipo. Lo importante es vivir cada etapa y tomar el aprendizaje que trae cada una.

Como nos perdimos de la energía femenina

A lo largo de la historia la mujer ha pasado por diversas situaciones de vida que nos desconectó de la energía femenina.

Una de ellas es lo que la mujer ha vivido en relación con la masculinidad tóxica, al vivir tanto dolor, la mujer misma ha inculcado a sus propias hijas a ser más hombre que mujer. La conecta más a lo masculino que a lo femenino por miedo a que su hija sufra.

En la sociedad está sobrevalorado la masculinidad, el afuera y el logro es más importante que el mundo interno.

Antes existían rituales de iniciación maravillosos donde se daba a las niñas ese acompañamiento para ser mujer, relacionarse sanamente con su periodo y sus características femeninas.

Además de todo lo anterior existe la historia personal de cada mujer con su linaje femenino, el dolor que se vivió en las mujeres de ese sistema familiar que desconecta a las hijas de sus madres y a la energía femenina. Cuando una niña nace en la familia ella buscara su identidad y cómo ser mujer en su madre, pero si la madre no está disponible emocionalmente para esta niña, no puede ayudarla a conectar con lo femenino debido al dolor que ella misma guarda, tendremos una niña que tendrá más energía masculina que femenina.

Vemos a lo femenino distorsionado, lo devaluamos, lo vemos lejano y doloroso.

Mucho del sufrimiento de las mujeres de hoy, se debe a esta desconexión, no conocer nuestros ciclos menstruales, no respetarlos, no conocer nuestro mundo interno y no saber procesarlo y honrarlo. No tuvimos mujeres que nos iniciaran, que nos enseñaran, ellas tampoco estaban conectadas a su energía femenina.

A través de este libro y los talleres busco que nos iniciemos y acompañemos las mujeres en el camino de ser mujer, reconectemos con esta energía, conozcamos nuestros ciclos y los respetemos.

Verás a continuación a la energía femenina como el lado femenino de Dios, los siguientes son diálogos de situaciones comunes que las mujeres viven y que si reconectáramos con esta parte femenina de Dios pudiéramos conocer un lado que necesitamos para sanar y activar nuestro potencial femenino.

Sólo mujeres que sanan y reconectan con el sagrado femenino tienen la capacidad de conectar a sus hijas y a las mujeres, de disfrutar más de la vida y fluir con ella.

Ahora veamos unos diálogos que nos pueden ayudar a conocer otro lado de Dios.

Diálogos

Capítulo 5
Primero contigo

Ella dijo, como una madre que irrumpe en el cuarto de una hija, es tiempo de hablar, ven levántate de esa cama, vamos a hablar, dijo mientras abría las cortinas de la recamara.

Sin embargo Ana no se levantó, estaba en posición fetal en su cama, mientras estaba en esa posición lloraba en silencio, no solo eran lágrimas, se le desboronaba el alma, sus manos acariciaban una y otra vez su vientre. No le importó escuchar la voz de Ella, sumergida en su dolor seguía acariciando su vientre, fue entonces que Ella volteó a verla, la miro con amor, compasión y ternura, se acercó a su cama, acarició su cara, su cabello y espalda. No importa mi amor, si no te puedes levantar desde aquí hablaremos, pero es tiempo de hablar.

Sé que cuando él se fue una parte de ti se fue con él, sentiste que tú alma comenzó a morir, él era una parte de ti, sin embargo ya es hora de despertar, mi niña, esto es un sueño, un sueño que a veces se vuelve pesadilla, déjame abrazarte, Ana estaba cual mujer sin fuerza sobre su cama, Ella la tomó en sus brazos y le llevó a su regazo, llora aquí hija, llora aquí, ya no llores en soledad, llora en mis brazos pues es diferente que llorar en la soledad y sintiendo frio, puedes llorar con el alma acompañada.

Mientras Ella la abrazaba comenzó a mecerla y la consolaba con un cántico en un idioma desconocido, debió ser el idioma del alma, Ana comenzaba a tranquilizarse mientras recibía este abrazo, ¿quién eres? le pregunto Ana, puedes llamarme Ella y hoy decidí visitarte, vi en las multitudes y te vi a ti, y dije "primero contigo", te mire desde antes de la noticia dolorosa, la noticia más dolorosa que recibe una madre.

Preparé este jardín para ti, mira, ven a la ventana, entonces Ana no podía resistir al amor que emanaba de Ella, se levantó y miro a la ventana y vio el jardín, era hermoso, lleno de flores de colores, árboles verdes y frondosos, hojas grandes como a Ana le gustaban, ven vamos a caminar un poco. Ana accedió y salieron a caminar.

El dolor de Ana ha vuelto su alma oscura. Era tan contrastante mientras caminaban por el jardín, Ella era luz emanando, los colores de las flores brillaban y parecían hacer reverencia mientras Ella pasaba, Ana caminaba cruzada de brazos y un poco encorvada, su cabello despeinado, pero eso a Ella no le importaba. Mientras caminaban Ella emitía amor, ondas enormes de amor que abrazaban a Ana, lo hacía en silencio, ofreciendo un aquí estoy, estoy para ti, no estás sola, pase lo que pase te amo y siempre estaré contigo, aunque tu creas que no estás conmigo.

Ana comenzaba a sentir un poco de paz por lo menos, un poco de silencio le hizo bien a Ana.

Ella comenzó a hablar cuando el corazón de Ana estuvo dispuesto y le dijo. ¿Por qué le lloras tanto? Porque era mi hijo dijo Ana con dolor en el alma, no está conmigo, se fue, ya no está aquí.

Ana cayó al suelo pues cuando hablaba de eso las fuerzas de las piernas se iban, comenzó a llorar, Ella guardó silencio sabiamente esperando que el dolor saliera, le dio el tiempo para que llorará todo lo que necesitaba. Cuando fue suficiente Ella habló.

Mi amor, todo es un sueño, él es más mi hijo que tuyo y tú eres más mi hija que de tu madre. Vamos a recordar un poco pues sigues en el sueño. El alma de tu bebé te eligió y tú le elegiste a él, con todo lo que implicaría el sí. Todo el aprendizaje que viene de esto.

El dolor no viene de lo que pasa en la vida, el dolor viene de lo que interpretas que pasó en tu vida.

Te hablo a ti Ana, mirando a todas las madres que perdieron a su hijo, de diferentes circunstancias, maneras y formas.

Él te eligió y tú a él, fue un sí compartido y aceptaste ser su madre y el tu hijo. Su historia de vida no fue como la mayoría, pero quién dijo que tenía que ser como la mayoría, quién dijo que la mayoría es como debe ser, eso sólo lo dice el ego, el ego dice que las cosas deberían de ser como le pasa a la mayoría, te cuenta cuentos de vidas que se deben vivir y cuando tu vida se separa de ello, sufres y te culpas, por no tener la vida de la mayoría, pero al alma no le importa la mayoría, al ego si, pues el miedo se oculta más si es mayoría.

¿Quién inventó que los padres no deben enterrar a sus hijos? El Ego, pues si eso fuera cierto, si no debería ser así entonces no pasaría pero si pasa. Y ¿por qué pasa? Porque el alma responde a algo más grande, a la evolución del espíritu, que tu vida no sea como la mayoría no significa que este mal, que no deba ser como es.

Acepta tu historia, no puedo, dijo Ana, me duele mucho cuando lo recuerdo, comprendo, por eso vamos a ver esa ventana dijo Ella.

Cuando se asomaron, Ana vio a su hijo, pero no vio el cuerpo sino su alma, se dio cuenta que era grande, sí, es un alma grande y más evolucionada que tu Ana. Su hijo estaba en un salón de clases, sentado tomando nota, parecía aritmética lo que se miraba en el pizarrón, él se reía, estaba feliz, volteó a la ventana, vio a quien fue su madre y le sonrió. El corazón de Ana latía a mil por hora, quería correr a abrazarlo mientras miraba por la ventana, pero no miraba la puerta, entonces le dijo a Ella, ¿puedo ir? ¿Puedo abrazarlo? Entonces Ella le dijo, claro que sí y la ventana se desvaneció y una puerta frente a ella se abrió.

Entró corriendo y lo abrazó, pero era extraño porque no lo miraba como un niño, lo miraba más como adulto aunque seguía siendo niño, era su forma de decirle a su madre, soy un alma grande mamá.

Entonces el corazón de ella se alegró, lo tenía cerca otra vez, pero no lo podía ver como su pequeño, era grande, era fuerte y no la necesitaba. Entonces le dijo, siéntate mamá, se sentaron en una banca y lo que parecía salón de clases se convirtió en un hermoso parque, sentados en una banca y flores hermosas frente a ellos, entonces le dijo, ¿por qué me lloras mamá? ¿Cómo que por qué? le dijo ella, te perdí.

No me perdiste, crees que me perdiste, pero sigo aquí, soy energía de amor puro, soy amor, amor sin muerte, el amor no tiene muerte mamá, era energía de amor puro antes de llegar a tu vientre, fuiste el vehículo por el cuál entre a la tierra y te lo agradezco enormemente, te amé y te amo. Esa fue nuestra historia, ese fue nuestro acuerdo. Los seres humanos tenemos diferentes tiempos para aprender y evolucionar en la tierra, me llevó menos tiempo hacer mi tarea y regresé a casa, tu aún estás haciendo tarea, sigue evolucionando mamá.

Crees que me perdiste, pero no me perdiste, soy energía de amor, ahora yo estoy en la fuente de vida, quieres sentirme, vive, quieres sentirme cerca, vive, crees que estamos separados por que estas más muerta que yo mamá, despierta, yo estoy en la vida, levántate mamá, despierta, este es un sueño, no un día me verás, ya me puedes sentir, pero necesitas vivir y dejar de creer lo que el ego te dice, ¿ no debí morir? ¿No debí despertar? quién es el ego para dictarnos las edades o los tiempos en que cada quien hace su tarea en la tierra.

Hay seres de luz que sólo les lleva unos meses en el vientre de su madre y se van, pues es el tiempo que necesitaban para cumplir su tarea, algunos de ellos vinieron a tocar el corazón de su padre, dejar un poco de amor de un alma a otra alma. Pero el ego los llena de mentiras que así no tenía que ser, duele mucho, sí, definitivamente y también es verdad que soy energía de amor puro, tu eres energía de amor puro y para la energía no hay tiempo. Mamá despierta, vive, para que puedas ver y sentirme cerca. Cuando sientes amor, me sientes a mí, cuando ríes y ves el sol me sientes a mí.

Mamá, el lazo que hay entre tú y yo es muy especial, trasciende el tiempo, el espacio y la muerte misma, sufres porque crees en la mentira de que desaparecí, que morí, tu alma sabe que no.

Amor, significa, a-mor, a=sin, mor=morte, sin muerte, el amor más grande que hay es el de una madre a un hijo, porque es el amor más puro, el amor que representa el origen de la vida, de dónde venimos, ese amor entre la madre y su hijo representa el amor entre el ser humano y Dios, la fuente divina. Cuando una madre cree en la muerte de su hijo, cree en la muerte del amor, sufre tanto porque cree en la separación del hombre con su fuente y ese es el dolor más grande que puede haber, también la mentira más grande.

Cuando veas que eso es imposible, que estas cerca de mí y yo de ti, pues los dos somos energía de amor puro, dejarás que el amor entre a cada rincón de tu corazón, dejarás que la verdad te haga libre, estamos unidos, pues la muerte para nuestro amor no existe. Invariablemente serás amor puro como ahora lo soy yo. No te quise hacer daño mamá, era mi camino de aprendizaje y no te cambiaría por nadie, sólo quisiera que despertaras mamá, vive, pues cuando vives estas más cerca de mí. Yo estoy más vivo, vive mamá, estoy vivo.

Capítulo 6
Para qué es imperfecta una madre.

Llegando Ella al parque, encontró a una mujer sentada en una banca, algo desconcertada, esta triste pero no es evidente, lo que sí es evidente es que esta angustiada, hay tantas cosas que le atormentan pero una de ellas es la mayor, en el fondo siente que le hizo daño a sus hijos, se mueve constantemente en la banca, muerde sus uñas, logra quedarse quieta unos segundos, sin embargo rápido entra en movimiento, cruza las piernas, luego las descruza, toca su cabello y es ahí cuando de pronto Ella con su infinita paz se sienta en la banca, casi desapercibida, no invade, no le habla, sólo se sienta.

Se sienta con toda la intención de llenar el parque de paz, comienza a incrementar cada vez más su vibración conectando con la paz, el ritmo en el parque comienza a bajar, como cuando empieza a atardecer.

Es entonces cuando Mariana percibe un cambio en ella misma, siente un poco de paz, Ella se lo está transmitiendo, Mariana se da cuenta, pues se percata que desde que Ella se sentó todo comenzó a cambiar.

Ella le pregunta, ¿por qué te angustia tanto? Entonces Mariana le contesta, porque son mis hijos, es mi hija en especial, pensé que lo haría diferente que mi madre y hoy entre los gritos de una fuerte pelea, me dijo las cosas en las que siente que la lastimé, lo que la herí, la falta que le hice, ¿cómo pude hacer eso? nunca fue mi intención lastimarla, quería lo mejor para ella, pero ya lo hice y no sé qué hacer, pues si antes lo hice sin darme cuenta ahora debo estar haciendo esas cosas también. Me siento una mala madre, cuando Mariana dijo esto, por fin soltó el llanto, Ella le dijo, te duele el dolor de tu hija, Mariana asentía entre lágrimas, no fue mi intención, no quería hacerle daÃ±o.

Entonces Ella le dijo, tú mamá tampoco mi niña, mamá tampoco. Entonces Mariana voltea y le dice ¿qué dices? tu mamá tampoco tenía esa intención, tu mamá también hizo lo mejor que pudo en su momento, te duele tu hija pues conoces su dolor. Sabes lo que se sienten sus heridas y ahora la que se siente culpable y con tanta angustia no eres tú, es tu niña interior, que siente que lo hizo mal, que hizo lo que se prometió que jamás haría.

Deja te cuento algo mi niña, algo que puede hacer que encuentres paz para ti, para mamá y para tu hija.

Las mamás deben ser imperfectas, las mamás deben equivocarse, deben tener errores. ¿Para qué? preguntó Mariana, bueno una de las razones por las que llegamos a este planeta tierra es para evolucionar espiritualmente, imagina que en un plano espiritual eliges a mamá y justo la elijes a ella pues ella provocará las heridas justas que necesitas para evolucionar en el tema que tu alma quiere evolucionar. Si bien ese no es el plan original pero todo es perfecto, todo nos está llevando a una sanidad.

Cuando seamos hijos de personas que han sido sanadas, los niños vendrán a su plan original a servir a través de sus dones y talentos.

Si bien pudiste haber nacido en una familia dónde mamá exigía o no, te escuchaba o no, tal vez te abandonó, esa herida de abandono es tan dolorosa, que buscas muchos medios y caminos por dónde sanar, pues es muy pesado cargar con esa herida.

Conforme vas sanando, eres experta en esta herida de abandono, por lo tanto sabes perfectamente cómo no abandonar a tus hijos, estas para ellos, es entonces que tendrás otros errores elegidos por tu hija, errores que deberá superar ella.

No era el plan original sin embargo es el plan de la evolución, eres parte de ir despertando a la humanidad, nuestra responsabilidad es sanarnos lo más que podamos, no para no cometer errores con nuestros hijos sino para relacionarnos diferente con ellos. Amo mis aciertos y mis errores pues son sus retos a superar, sus pruebas, soy un todo para ellos.

Cuando vemos a nuestros hijos, nos vemos en ellos, vemos nuestros dolores, carencias, nos vemos a nosotros de niñas, nos confronta con nuestras heridas y lo no sanado en nosotros.

Cuando vas aprendiendo a amarte, cuando vas sanando tus heridas, cuando puedes ver a tu mamá con amor, ves que hizo lo que tu necesitabas que hiciera, es que puedes verte y amarte más como una totalidad, con todo lo que eres.

Cuando amas a tu niña lastimada que un día fuiste, la cuidas y le das lo que no le pudieron dar, es entonces que puedes ver a tu hija y decirle te amo totalmente, es cuando la paz y el amor te guía al educarla, en lugar del miedo o las expectativas.

Cuando ves a tu hija no la ves a ella, ves tus puntos ciegos en ella, ella es una proyección de tus temas no resueltos, usa esos puntos, sánalos y verás cómo cambia lo que ves en ella y ella también. Cuando tú sanas te ves con amor y es cuando la puedes ver con amor, aceptar tu vida te lleva a aceptar su vida.

Puede ser fuerte lo que digo pero los padres necesitan empezar a despertar. Los hijos no son alumnos, son maestros, escúchalos.

Recuerdas lo que me contaste de tu hija, gritándote todas sus heridas y lo que le hiciste, no es tu hija, es tu adolescente gritando mírame, escúchame, sáname, ámame.

No hay una hija fuera, hay tu proyección en ella, necesitas ver más amor en ti, pues entonces tu hija empezará a reflejar el amor que te tienes a ti.

Disfruta más de la vida, llénate de paz y cuando tus hijos te reclamen, recuerda que ser imperfecta es parte del paquete. Ellos traen sus temas a trascender, tú eres parte del plan. Eso sí, hazte responsable y escucha a la parte de ti hablando a través de ellos.

Perdónate por abandonarte a ti misma, perdónate por juzgarte así.

Por favor ámate, para que puedas ver a tus hijos desde el amor. Entrega tu culpa a la fuente divina, entrégala ya, perdónate por juzgarte tan duro. Y mírate con amor.

Fue entonces que Ella alzo sus brazos y la abrazó, Mariana se acurrucó, se puso en sus piernas y no se dio cuenta que lo que la rodeaban eran unas alas blancas y maravillosas, su cuerpo envuelto parecía una semilla, caían pequeñas gotas de luz sobre Mariana, Mariana dormía, ni siquiera lo notaba, pero Ella como una madre que arropa a sus hijos, iba dejando caer bendiciones de despertar espiritual sobre su hija, iba dejando caer esa lluvia de amor propio, la capacidad de ver con el corazón. La sanidad que su alma necesita para vivir una vida más plena y acompañar a su hija a un despertar al amor.

Capítulo 7
¿Qué haces mirándote al espejo?.

Ella sólo lloraba, mientras Lupita se miraba en el espejo, Lupita al mirarse decía frases como, que gorda estoy, que fea mi nariz, odio esta parte de mi cuerpo, que ganas de tomar un cuchillo y cortarlas.

Cuando Lupita dijo eso, Ella parecía que le habían cortado algo a Ella misma, le dolió el corazón, pues lo que simbolizaba para Ella dichas palabras le dolían enormemente.

La empatía de Ella era enorme, se dolía del dolor de Lupita, pues para Lupita nada era suficiente, era capaz de cortarse a ella misma para demostrar que encajaba.

Ella, respiró, conectó con el amor mismo y camino al espejo de Lupita, el espejo de cuerpo completo dónde Lupita se insultaba diario, todos los días se decía palabras de rechazo.

Entonces Ella le susurró al oído, ¿qué ves?

Mi asqueroso cuerpo dijo Lupita. Bueno a veces no lo puedo ni ver. Así es, afirmó Ella, no lo puedes ver, tanto coraje le tienes, crees que el vehículo que elegiste es el culpable, el vehículo que elegiste para que habitara tú alma no tiene nada que ver con lo que pasó.

¿De qué hablas? dijo Lupita.

Crees que tu cuerpo no es suficientemente bello para lograr algo, piensas que tu cuerpo es la razón por la que los demás te pueden amar o no.

Tú cuerpo sólo es el vehículo que elegiste, el cuidado y amor que le das representa cuanta aceptación tienes para ti, cuando vas amando y aceptando tu vida, deja de culpar a tu cuerpo por lo que logras o no. Él no tiene la culpa de nada.

Una persona puede tener una baja estima, desear un carro último modelo y creer que cuando obtenga el carro su seguridad o valía subirá, eso es imposible, un carro no tiene el poder de darte más autoestima o verdadera valía. Puedes esperar toda una vida a tener el cuerpo perfecto para sentirte valiosa, tu cuerpo no te puede dar eso.

Puedes culpar al auto de que una persona quiera ir a tu lado o no, si una persona va a tu lado por el auto no va contigo, va con el auto y a la primera que vea un mejor auto se ira. El carro no tiene la culpa de nada, es la calidad de persona la que determina que vaya contigo por el auto o por ti y tú culpas al auto en lugar de dejar esa responsabilidad en la persona. Quieres modificar el auto cuando lo que debes modificar es la calidad de personas. Tu cuerpo siempre es perfecto y mientras más aprendes a amarte más lo cuidas y no al revés, no lo cuidas para poder amarte o aceptarte.

Tal vez te dijeron que tú eres valiosa por cómo se ve tu cuerpo, los comentarios que te hicieron de pequeña eran por tu aspecto exterior, que bonita, o que fea, ya estas pasada de peso, ya estas más delgada, a veces no son las palabras abiertas si no los actos, cuando te veías arreglada te notaban, te lo decían, pero cuando no estabas arreglada pasabas desapercibía o te criticaban. No te preguntaban cómo estabas, hablaban de cómo te veías, a veces nuestros padres ven más el auto que quien conduce el auto y de ahí aprendimos a hacerlo igual.

Recuerda que eres el alma y un espíritu que habitas un cuerpo, deja de ver sólo el cuerpo, deja de darle importancia a las personas que sólo ven el cuerpo, que te deje de importar la opinión de quienes son ciegos al espíritu, eres un alma llena de luz, si tu auto no lo ves hermoso es porque te sientes imperfecta, que algo te falta o que algo te sobra en el alma.

En realidad eres luz infinita, eres amor puro, no te falta ni sobra nada, cuando te veas así comenzarás a brillar con ese brillo que viene del alma, el atractivo es evidente para los que ven el alma y los que ven el alma es porque ven su propia alma, si estás con alguien que sólo ve el carro, te sentirás tremendamente sola, pues está imposibilitado para verte, es ciego, no es tu culpa, el no te podía ver porque tampoco se puede ver ni conectar con su alma. Cuando tú puedas ver y amar tu esencia, llegarán personas que también lo hagan.

¿Aunque ese alguien sea papá?

Que bueno que lo identificas Lupita, sientes que para papá no eras suficiente, a veces la sensación de abandono de papá es por otra familia, trabajo, adicciones, incluso muerte, la incapacidad de un padre para conectar con su hija la hace sentir insuficiente, por eso la hija se siente no mirada, tal vez papá sólo miraba tus logros, lo que podías hacer, pero no podía mirar tu interior, de tal forma que sigues buscando ser el orgullo de papá. No fue tu culpa, papá no podía, tu alma es y era bella.

Incluso puede ser que el dolor que sientes hacia tu cuerpo no es tuyo si no de tu madre, abuela o bisabuela. Las mujeres que se sienten insuficientes, siempre están haciendo, siempre quieren más, nada es suficiente, les cuesta reconocerse y rechazan su cuerpo pues vinieron de alguien que no miró su alma y culparon a su cuerpo por eso.

Deja de culpar a tu cuerpo y vehículo, ámalo tal como es, embellece el alma para que brilles y quienes ven las almas te reconozcan y tú a ellos. Cuida tu cuerpo como una consecuencia de cuidar tu alma. Eres una estrella, tu luz es única, déjala brillar.

Capítulo 8
Mientras cocinas

Se movía en automático mientras cocinaba frente a la estufa, tomaba los utensilios casi sin mirar, sabía perfectamente dónde se encontraba cada cosa, todo parecía normal pero en realidad nadie, nadie sabía cómo se sentía, tenía ganas de llorar, de que el llanto saliera, pero lo retenía, cómo dejarlo salir si a unos pasos están sus hijos jugando, no los quería preocupar, por eso contenía sus lágrimas, pero el llanto era casi incontenible así que de pronto unas cuantas lágrimas rodaron de sus mejillas, unas lágrimas silenciosas que nadie vio.

¿Qué pasaba con María mientras sus lágrimas rodaban en silencio? sentía soledad, sentía tristeza, sentía que nada le hacía bien, sentía que se equivocaba con sus hijos, con su pareja, lo sueños que tenía le parecían imposibles, cuántos sueños dejados en el camino. En casa nadie sabía cómo se sentía. Ante todos muestra que esta todo bajo control, ella puede hacer la comida, mantener una casa, curar a sus hijos, aconsejar a su esposo. Pero a ella, ¿Quién la sostenía a ella?

María añoraba tanto poder salir corriendo, llegar a la casa de antes, entrar por la puerta y encontrar a mamá, encontrarla y que su madre el descifrara la mirada, una mirara con amor, poder decirle mamá te necesito, podemos hablar. Cuando eso pasaba mamá la tomaba de la mano, la lleva a su recamara llena de luz, había un jarrón de flores y objetos que le trasmitían paz a María.

Entonces la mamá de María se sienta en la cama y la escucha, le dice cuéntame, qué te pasa, en realidad no son las palabras las que invitan a que hable María, es la mirada amorosa de su madre la que le dice háblame, estoy aquí para ti, para escucharte, sin juicios, sin expectativa, sólo estaremos tú y yo, siendo dos seres nada más.

María feliz de ese momento, pues eso necesitaba, que alguien tuviera tiempo para ella, ser ahora la pequeña, ser ahora ella la que era cuidada, sanada, atendida. Su madre que detenía su mundo para escucharla le decía con ese gesto que no había nada más importante para ella en este momento, todo pasaba a segundo plano. Este mensaje a María le llenaba el alma, pues no era un mensaje de palabras, era un mensaje con acciones.

María comenzó a llorar, no emitía palabra alguna, sólo lloraba, de pronto pudo emitir palabras, a veces me siento tan mala madre, a veces no puedo más, a veces estoy tan cansada, a veces sólo quiero ser yo la abrazada. Abrázame mamá, aun no terminaba la frase María cuando su madre ya estaba poniendo sus brazos sobre ella. Entonces ella se acurrucó en el pecho de su madre, de pronto escucho el corazón de ella y la paz empezó a entrar, con el sonido del corazón entraba la paz y junto con la paz la fuerza, pues ahora se sentía más tranquila, mamá le acaricia el cabello a María y de pronto su madre le dijo, veo que estas cansada, sobre cargada, a veces la carga se hace difícil y pesada, sobre todo cuando te pierdes en todo y en todos.

Te vas dejando como la última en la lista hasta que no te queda nada para dar, tranquila quiero que sepas algo, te he mirado y veo que cada vez lo haces mejor, cada vez te cuidas más, cada vez pones más atención a ti, esto es un proceso, estas aprendiendo y vas muy bien, lo intentas y a veces lo logras, otras veces lo intentas y no puedes, otras cuantas veces ni siquiera lo intentas, no importa, así es, el proceso es lo importante, me alegra tanto mirarte hoy. Agradezco esto que te ocurrió pues eso te hizo venir a mí, me alegra tanto verte, saber cómo estas. Es bello que ahora me dejes estar en tu vida y cada vez que quieras o lo necesites puedes tocar la puerta, siempre estaré para ti.

Entonces María despertó del ensueño que tenía mientras cocinaba y se sintió tan extraña pues su madre no era como lo que estaba imaginando, la madre de María era más bien poco cariñosa, no muy empática, pocas veces la escuchaba sin interrumpirla o tener prisa. Cuando lograba escucharla porque María no podía más, su madre lejos de escucharla, se preocupaba y comenzaba a aconsejarla, lo cual frustraba a María y eso no terminaba nada bien. Entonces dijo María, cómo desearía tener un lugar así a donde ir.

Cuando pensó esto María mientras cocinaba Ella habló haciéndose presente y le dijo, ¿crees que no lo tienes? ¿Crees que sólo fue tu imaginación? Fui yo mi querida María, que sólo de ver cómo te sentías llegué a tu lado aunque no me puedas ver, puedo entrar a tu imaginación para que me dejes amarte y cuidarte.

Mientras cocinabas puse un manto sobre ti, para que tu alma sintiera mi abrazo de madre que tanto necesitas, susurré a tu oído cada palabra que imaginaste recibir, mientras tanto acaricié tu cabello y al final agradecí lo que te sucedió pues me permitió que me dejarás entrar, por ahora en tu imaginación pero mientras más me conozcas, mientras más me dejes entrar, podrás visualizarme, palparme y sentirme tan cerca de ti como tú lo necesites. Sí tienes una madre como la que imaginas, soy yo, estoy aquí y cuando lo necesites entra en contacto conmigo, aquí estoy para escucharte, me encanta que me dejes conocerte, pero sobre todo tener entre nosotras una relación íntima. Entonces Ella dejo caer una brisa fresca al alma de María, contenta salió una sonrisa de su rostro pues sabía que ahora María vendría más seguido pues ya la conocía.

Capítulo 9
¿Qué hacías mientras trabajaba?

Seguía sentada esperando.

Estaba en tu escritorio del otro lado moviéndome de un lado a otro, a veces tan aburrida, algunas otras ponía mi cabeza y brazos en tu escritorio a punto de dormir como la adolescente que está esperando que mamá deje de trabajar para irse a casa. Otras veces me levanté y jugaba con las curiosidades que tienes en la oficina, recuerdos, fotos, flores, me entretenía mirando y recordando momentos bellos.

Y tu seguías tecleando, hablando por teléfono, pero lo más triste y desesperante para mí era que no me vieras, te la pasabas buscando algo allá afuera, buscabas cómo hacer dinero, cómo tener seguridad y estabilidad económica, estabas hipnotizada, ni siquiera te percatabas de mi presencia, te esforzabas tanto, buscando siempre el reconocimiento de tus jefes, a veces tu jefe fue hombre otras veces fueron mujeres, no importa da lo mismo, los dos fueron tus padres, solo trasladaste tu necesidad de reconocimiento y seguridad de tus padres a tus jefes.

Seguía esperando y de pronto todo cambio llegó mi momento de aparecer, por fin te despidió. Vaya pensé que el momento nunca llegaría, era cuestión de tiempo, la puerta de tu trabajo se abrió y eras libre, ¿libertad? dijo Rocío.

Sí, contestó Ella, la libertad que podrías encontrar si me vieras, hubiera sido imposible que nos encontráramos dentro de ese lugar.

Ahora es tiempo de que me escuches, ¿a qué crees que viniste Rocío?, antes de nacer me pediste dóndes y talentos y sin nada más te los di todos, todos los que me pediste te di, ¿qué estás haciendo con ellos? Sé que de pequeña te cortaron la alas, la creatividad, creer en ti, la pasión y la confianza. No importa que te cortaron las alas, lo que no cortaron fue el potencial que tienes de que crezcan de nuevo.

Quiero que me conozcas y sepas que yo soy la abundancia, dijo Ella, quiero que seas abundante, naciste abundante, eres abundancia.

Quiero que sepas que tus dones y talentos son únicos, nadie los puede ejercer igual que tú, estoy esperando que los pongas al servicio de los demás.

Pero no los conozco, dijo Rocío.

Lo sé, dijo Ella, lloré contigo cuando eras niña y los fuiste enterrando uno a uno en lugares diferentes del jardín, a veces por una frase de mamá otras por una frase de papá y otras por frases de adultos o maestros. No te preocupes los iremos desenterrando uno a uno.

Recuerda que el camino a tu abundancia te dará plenitud. Sé que tienes mucho miedo, pero ya deja de compararte, deja de ver afuera, disfruta el proceso y la incertidumbre, ábrete a recibir información divina, mensajes y señales.

Estar cómoda con la incertidumbre se aprende, cuando no nos gusta la incertidumbre es porque vivimos demasiado en la mente y la mente necesita lo programado y lo predecible, en el camino para ser abundante incluye incertidumbre, así que disfruta del proceso, para ello necesitas contactar más con tu alma, conectar más con tu intuición.

Date tiempos y entra en contacto conmigo, soy yo quien abre caminos, soy yo en la confianza y fluir de la vida que va acomodando todo, haciendo florecer el camino.

Confía, conecta más conmigo, el camino se va abriendo conforme conectas conmigo, mientras mayor conexión los talentos van emergiendo de la oscuridad y podrás disfrutarlos, pasemos tiempo juntas.

Te dejo esta meditación para que hoy conectemos.

Cierra tus ojos donde estas, respira, y empieza poco a poco a relajar tu cuerpo, comienza a visualizar todo aquello que te mantiene preocupada, mira como si esa preocupación fuera una capa que te envuelve, te rodea, tal vez todo tu cuerpo o tal vez sólo una parte de él.

Ahora imagina que estoy yo frente a ti, como una luz, una luz que brilla y palpita con tu respiración, comienza poco a poco a acercarte a mí, comienza a conectar conmigo, mientras vas entrando a esta luz, de tu cuerpo va cayendo el miedo, imagina como se cae, como si fuera una capa de tu cuerpo, ese miedo cae.

Cuando vas entrando a mi luz, eres la luz, te haces una conmigo. Ahora sigue respirando y ve dejando tus miedo y tus dudas, ve imaginando como la abundancia y la prosperidad se conectan a ti, es una energía que fluye a través de ti, visualiza cómo al poner tus talentos y dones al servicio de los demás generas más abundancia y prosperidad en tu vida.

Visualízate llevando a cabo tus dones y talentos, lo haces en armonía y congruencia contigo misma. El camino, el cómo, con quién y cuándo lo resuelvo yo, sólo imagina tus dones y talentos aunque aún no los conozcas están al servicio de los demás y tu disfrutas ese caminar, te sabes conectada a la fuente infinita que abre toda puerta que debe ser abierta. Mientras tu disfrutas el camino, te vuelves un ser que fluye más y más en la vida terrenal sabiéndote conectada a tu fuente infinita. Dejas esa sensación dentro de ti, guardas esa imagen para que te acompañe, poco a poco abres tus ojos y te abres a las mil posibilidades confiadamente.

Capítulo 10
Lo perdí

Ella, le susurro a Rebeca, llevas años castigándote, llevas años saboteándote, cargando a los demás para pagar lo que aún no te perdonas.

Rebeca contestó entre lágrimas, era muy joven, pensé que no podría, no sabía qué hacer, además él me abandonó, tenía miedo, no tenía dinero, tenía tantos planes, mis papás me obligaron, no quería ser madre.

Lo sé dijo Ella, incluso quien anhelaba con todo su corazón tenerle, también lo perdió.

Cuando una mujer por la razón que sea perdió a su bebé necesita ir a su alma para sanar, necesita saber que ella también viene de toda una historia que no ha sanado, perder un bebé es algo que trae consecuencias emocionales en la madre incuso a veces en el matrimonio. Pero todo ello es el resultado de una historia transgeneracional, si vemos atrás en tu historia ya había este acto antes, es muy probable que encontremos historias de muertes de niños, de madres, de guerras, de mujeres que perdieron hijos y bebés. Infinidad de historias por las cuales llegaste a este punto.

No te pido que lo averigües no es el caso ahora, te pido que me dejes sanarte y que te puedas perdonar. Pues a nadie ayudas castigándote así.

Pero ya me perdoné, dijo Rebeca.

No sólo se trata del perdón sino de sanar, dijo Ella, te quiero preguntar algunas cosas.

¿Por qué te cuesta tanto poner límites a tus hijos? ¿Por qué haces tanto por los demás aunque en realidad ya no quieres? ¿Por qué no te permites tener hijos? ¿Por qué saboteas cada proyectos que emprendes, abortándolos antes de que empiecen? reviviendo una y otra vez la historia. ¿Por qué te castigas teniendo una vida que no quieres? Rechazando todo lo bueno que viene a ti. No disfrutas de la vida.

Conozco el pesar que carga tu corazón, sé que no es fácil. Es doloroso por los juicios que has hecho sobre ti. Pero es hora de sanar y de sanar con tu bebé.

Mientras Rebeca y Ella caminaban llegaron a la orilla de una playa, era tan hermosa la playa, todo se miraba lleno de pureza. Rebeca no conocía el lugar, de pronto llegó un niño corriendo, venía de un jardín de niños maravilloso y lleno de luz. Cuando venía corriendo Rebeca se extrañó, su entrecejo se frunció y no comprendía mucho lo que estaba pasando, aunque su alma si lo sabía, su corazón latía a mil por hora. Entonces fue que el niño le gritó ¡mamá!, Rebeca no pudo contener más el llanto, su hijo ahora de 3 años venía con amor a abrazarla. ¿Cómo es posible? se preguntaba Rebeca.

Entonces Rebeca lo abrazó con todas sus fuerzas, lo miró y lo reconoció, tu eres mi hijo, cuanto lo siento, lo siento mucho y antes de que siguiera hablando, su hijo le dijo, eso lo se mamá, me alegra que vinieras, que estés dispuesta a sanar tu dolor pues tu dolor desde que no pudimos seguir juntos me duele a mi también.

Rebeca abraza a su hijo, le besa lo que no lo pudo besar, le muestra el amor que antes no pudo mostrar, mientras Ella la tomó del hombro llenándola de amor y fuerza, entonces Rebeca le dice a su hijo, si pudiera regresar el tiempo lo haría diferente, me hubiera encantado que hubiese sido diferente, cuanto lo siento, me hubiera encantado que siguiéramos juntos, todo este tiempo sólo lo dejé pasar.

Su hijo le contestó, lo sé mamá, no me debes nada, yo estoy bien y sólo deseo de corazón que tú también mamá, por favor, no dejes esto en vano. Yo estoy bien ahora que me reconoces como tu hijo.

Rebeca comenzó a sentir una paz en el alma que tenía años no experimentaba, y le dijo a su hijo, gracias hijo, tú has marcado mi vida y ahora te honraré de manera diferente, en tu nombre haré algo muy bueno, en honor a nuestra historia, ya lo verás, entonces el niño le sonrió y la abrazó.

A la distancia se miraba una persona llena de luz que se acercaba y Ella dijo, es tiempo de que lo entregues, entonces a pesar de poner algo de resistencia por el amor que sentía, lo comprendió, con amor y lágrimas lo entregó diciendo, sé que nos volveremos a ver, mientras eso pasa. haré algo muy bueno con mi vida en tu nombre mi amor, le dio un beso en la frente y entregó a su hijo, quien antes abrazó su cuello con toda su fuerza. Regresó con ese ser luminoso que cuida de él, ahora está feliz de ver a su mamá feliz.

Rebeca comienza el camino de regreso con Ella, más libre y completa. Ahora Rebeca está feliz y puede empezar a construir una mejor vida, ayudar a otros y darle un giro a aquello que fue tan doloroso.

Ella, comenzó una plática con Rebeca.

Muchas mujeres pueden perder a sus hijos, las que tuvieron la intención necesitan un proceso de sanidad para perdonarse a ellas mismas, pero te sorprendería conocer el número de mujeres que sin intención perdieron a sus hijos y también se culpan.

Las que tuvieron la intención necesitan sanar y personar su pasado, sus decisiones, las que no tuvieron la intención necesitan sanar sus pensamientos y sentimientos, muchas de ellas sienten que no pudieron, que no lo lograron, como si hubiera algo malo en ellas.

Con o sin intención es importante reconocer a los hijos perdidos

Algunas mujeres pretenden seguir avanzando como si nada hubiera pasado, pero entonces todo sigue ahí estático, drenando su vida y sin aprendizaje.

Todos estos niños necesitan ser vistos y reconocidos, necesitan ser vistos por sus madres. Mirar el dolor, la tristeza, el hueco en el corazón, es ahí donde lo visto podría ser liberado, ponerle nombre, contar la historia de dolor para poderse liberar. Pero sobre todo abrazar el mensaje. Todos los seres humanos llegamos a este planeta tierra para realizar una misión, todos nos ayudamos a crecer y evolucionar, sin embargo a cada uno les lleva diferente tiempo llevar a cabo su evolución y misión.

Hay seres humanos que para cumplir su misión en la vida les lleva cuarenta años, ochenta años, treinta años, dieciocho años y hay otros seres humanos que les lleva unos días, unas semanas. Estas misiones son muy potentes y fuertes. Te cuento unos ejemplos.

Rosa, la misión de vida de mi hijo de ocho semanas fue que aprendiera a amarme y ponerme en primer lugar.

Gloria, la misión de mis tres bebés de 3 meses, 5 meses y 4 meses fue llevarme a un proceso de sanidad de la historia de mi abuela que cargaba yo.

Norma, la misión de mi hijo de 5 meses fue enseñarme el amor incondicional, pues a pesar de lo que hice me dijo que me amaba, que quería que me perdonara, se alegraba de que lo reconociera pero el propósito era que yo conociera el amor incondicional a pesar de lo que hice, aun así me amada.

Carolina, la misión de mi hijo de 7 semanas me mostró que me estaba perdiendo como mamá, gracias a él me transformé en mejor madre para su hermano mayor. Él me dio esta lección para que su hermano disfrutara de una mejor relación conmigo, pues todo mi tiempo lo invertía en trabajar. Así de grande es el amor de mi hijo.

Te puedo contar cientos de historias de amor maravillosas, historias de aquellas madres que lograron conectar con sus hijos y tomar ese el regalo de tan alto precio.

Pero también hay miles de mujeres que viven sin ver, sin reconocer a sus hijos por miedo al dolor y así lo perpetúan, creyendo que olvidando sanarán, sin embargo este proceso requiere ser visto, reconocido y escuchado para tomar la vivencia y trascenderla.

Es tiempo de sanar a tantas mamás con bebés perdidos.

Capítulo 11
Cuando me tocó

Ella, la miraba desde entonces en soledad, la miraba caminar con ese secreto en sus entrañas. Sólo esperando el momento para arrancar el dolor de su vientre y su piel, deseaba regresarle su pureza y su valor.

Y de pronto el día llegó.

Claudia a la orilla de su cama lloraba, estaba sola ese día. Por cuestiones de trabajo viajó y ese día soñó con la pesadilla nuevamente, de un sobresalto despertó empapada en sudor, llena de miedo, rabia, coraje y tristeza. Cuánto dolor acumulado y de cuántas formas contamina la vida de las mujeres que han vivido esto.

Entonces estando a la orilla de su cama Ella apareció, paso su mano por sus ojos y fue cuando Claudia la pudo ver, abrió sus ojos del alma, inmediatamente la reconoció, era imposible tenerle miedo. Al verla sólo lloró más, como una hija ante su madre se desplomó en sus brazos.

Tan solo era una niña, no supe qué hacer, desde entonces creo que fue mi culpa. Ya no puedo con esto, me siento sucia, los recuerdos llegan cuando mi esposo se acerca, nunca se en qué momento se activará el recuerdo, siento que me robaron. No sólo fue el hecho, es que fuera él, cuando le dije a mamá no me creyó y siguió con él, después lo siguió haciendo, perdí mi inocencia, me robó mi infancia, de niña me sentía separada del resto, diferente de las demás, cargar un secreto y sentir que ya no valía igual qué las demás.

Lo sé Claudia, respondió Ella, existen tantos secretos y tabús con este tema, que a veces pesa más el secreto que el acto mismo.

Incluso hay mujeres que no fueron tocadas, hay mujeres que tuvieron un juego sexual un juego entre niño, en su inocencia no había maldad, era un juego de exploración, de curiosidad, pero los adultos al darse cuenta hicieron un manejo inadecuado de la situación, actuando bajo el miedo se formó el mismo daño que si el abuso hubiese existido, dejando en los niños una huella de dolor, culpa, separación, castigo y desvalorización.

Otras mujeres fue su padre mismo y la madre no hizo nada, sólo siguió su vida como si nada pasara. Esa madre no tenía la fuerza para defender a su hija, pues nadie tampoco la había defendido a ella de niña, solamente se paralizó.

Otras veces la hija guarda el secreto por miedo o por no querer lastimar a su madre, la hija no quiere causarle semejante dolor.

Tantas historias con tantos matices, sin embargo el resultado es el mismo, vergüenza, desvalorización, ira, falta de libertad para vivir la vida con placer.

El problema no sólo está en el acto mismo, si no en que seguimos heredando las mismas heridas a nuestras hijas aunque ellas no lo vivieran, los sentimientos no procesados se heredan a la siguiente generación aunque el acto no se repita.

Es tiempo de sanar, es tiempo de ver todo desde otra mirada. Pero primero debemos sacar las huellas de dolor, las emociones enterradas en el cuerpo y en el alma.

Date un tiempo a solas, estando en un lugar seguro para ti, si estuvieras con esa persona, que le dirías sin tapujos, no importa si fue tu padre mismo. Sácalo, escríbelo, una vez que hables lo no dicho, entonces ve por esa niña a esa escena dolorosa, sálvala, llévatela lejos, a un lugar maravilloso y seguro.

Ahora, estando las tres, hablemos.

Ella, se acerca con la niña, la mira a los ojos y le dice, eres inocente, los niños siempre son inocentes, no fue tu culpa, si fue un juego y los demás reaccionaron mal, recuerda que eres inocente, reaccionaron por sus heridas no sanadas, todos son víctimas de víctimas.

Si fueron repetidas ocasiones, si fue papá o el tío, tú, en tu inocencia hiciste lo mejor que pudiste y mamá con su historia de vida, con sus propios abusos y huecos emocionales hizo lo mejor que pudo. Tú eres una niña inocente, no fue tu culpa.

Observa como la niña cambia su mirada,

Entonces Ella se dirige a la yo adulta y le dice, es tiempo de dejar esta carga dónde corresponde, imagina una caja, llénala de tus heridas provocadas por ese evento, ahora iremos donde está el, no importa si murió, imagínalo de frente y le dices, los niños siempre somos inocentes, te dejo a tus pies la responsabilidad de todo lo que pasó, pues tú eras el adulto.

Entonces dejas esa caja ahí, te liberas, lo dejas todo con él, te das la media vuelta y regresas con tu niña. Ahora imaginas que estas con tu niña frente al mar, tu niña y tu entrarán al mar y el sanará las heridas, se llevará todo ese dolor, si prefieres imaginar que estas en el bosque entonces serán los rayos del sol que tocarán cada centímetro de tu piel, cada herida va siendo sanada, no sólo la piel, ahora también tu ser interno, cada recuerdo oscuro es iluminado con el sol, estas siendo transformada completamente.

Ahora estando las tres, Ella le preguntó a Claudia, ¿En qué radica el valor del ser humano? ¿Por qué una persona es valiosa? ¿Por lo que logra? ¿Por lo que tiene? ¿Por lo que vive? ¿Lo que sabe? ¿Por lo que hace?

Déjame contarte algo Claudia, el valor de una persona radica en su interior, en su ser espiritual y en su alma, vinimos a este mundo a trascender temas de vida, todo lo que nos pasa por difícil que parezca tiene un propósito en sí mismo de hacer que nuestro espíritu se expanda. Sólo por ser un espíritu y un alma eres valiosa, pues tienes el potencial puro del amor y la vida, de expandir tu espíritu y dejar salir el amor a través de ti.

Todos necesitamos la luz en medio de la oscuridad, los focos tienen el potencial de permitir que la electricidad pase a través de ellos y se convierta en luz. Todos los seres humanos somos valiosos pues nuestro ser tiene ese potencial de dejar pasar a la energía divina en nosotros para que su luz se expanda. Si un foco o un ser deja de permitir que esa energía divina pase por si mismo, su alrededor corre el riesgo de quedar en la oscuridad. Por eso eres tan valiosa, sólo tú puedes brillar como lo haces y para las personas que te rodean. Eres un ser maravilloso con la capacidad de transmitir la divinidad a otros.

Cada ser es valioso pues cada uno tiene el potencial de expandir la luz y el amor. Tu eres valiosa porque en tu interior tienes esa capacidad, nada que pase en el exterior te puede volver menos valiosa, pues tu valor radica en esa capacidad interna de manifestar la divinidad, tu valor está en la capacidad de emitir luz y amor, mientras tu mantengas en tu alma y tu espíritu la capacidad de emitir luz y amor, tu valía sigue intacta.

Entonces Ella tomó a Claudia y le pidió que ahora con esta comprensión dijera a el lo siguiente.

Habrás tocado mi cuerpo pero jamás mi alma, ella sigue intacta.

En mi alma sólo yo decido quien entra y quién no, a partir de hoy retomo mi valor, sabiendo que mi alma es inocente, sabiendo que soy capaz de cuidarme y defenderme, de poner límites, tengo el valor y la valía para formar la vida que quiero, pues lo merezco, soy limpia, soy pura y soy valiosa. Mi alma está intacta, mi alma me pertenece.

Ahora miremos más profundo, dijo Ella, lo que viviste no es un hecho aislado, vivías y venías de una familia con una historia llena de abusos y abandonos. Todos tenían el alma herida, sólo observa, cómo era y vivía mamá, cómo eran y vivían tus hermanos, cómo era y vivía el abusador, todos llenos de heridas, no fuiste la única lastimada, fuiste lastimada de esta manera, pero en realidad todos en la familia estaban llenos de abusos, violencia y dolor.

A todos los implicados en lo que viviste imagínalos de niños, viviendo sus propias heridas. Ver desde una mirada mayor, desde una conciencia mayor, como adulta, esto te ayudará a salir de un papel de debilidad pues podrás ver que todos, mamá, el, tu, ellos, todos, son niños heridos y todos hacemos lo mejor que podemos con lo que nos dieron, no justifico el acto, no estamos hablando de eso, estamos viendo una realidad desde una consciencia mayor, sólo desde ahí podrás liberarte de la escena que te atormenta, tal como fuimos dando   los pasos, no podemos ver desde una consciencia mayor si aún tenemos las heridas en el cuerpo, no podemos pasar a otro estado de evolución cuando aún están las heridas abiertas. Cada paso hasta llegar a la liberación y luego a otro estado de consciencia.

Capítulo 12
Cuando el secreto es soltar.

Me encantaría que supieras que yo también existo, no te das cuenta que trato de mostrártelo una y otra vez, ¿no estas cansada de tener eso aferrado a tus manos? ¿No estas cansada de perseguir eso que dices que te hará feliz? ¿No te cansa no ser feliz, no estar plena hasta que logres o tengas algo? Te veo de aquí para allá, te veo subir y bajar, te veo a los ojos y veo tu miedo de no poderlo lograr, estas ciega a tu poder, eres esclava del ego, ese ego que te limita y te dice todo lo que tienes que hacer para sentirte o vivir de una manera y por aferrarte a eso se te olvida vivir.

¿Cuántas veces has visto una flor esforzarse por ser flor?, por dar aromas deliciosos, ¿cuántas veces miraste un árbol afanado por crecer?, ¿Cuántas veces te he mostrado que al soltar todo cambió, cuando dejaste de querer pasó, cuando confiaste todo fluyó, cuando dejaste de poner esa situación como un dios o una condicionante para vivir de una manera fuiste libre y entonces el milagro se manifestó. Cuando eso pasa soy yo, queriendo que veas el poder de mi energía que habita en ti.

Te lo mostraré de la siguiente manera, cuando una mujer se embaraza no hace a un niño, no está buscando los ingredientes, no tiene que formar los brazos, la cara, no se afana días creando el corazón. Ella sólo permite que el niño se forme dentro de ella, permite que la energía de la vida misma pase a través de ella y se realice el milagro de la vida. Posee todo para que así sea. Miramos a una mujer embarazada y nos maravillamos, ella está permitiendo que eso suceda.

Así, exactamente así es con todo lo que quieres crear, dijo Ella, una mejor casa, un carro, el trabajo de tus sueños, una mejor relación de pareja. Deja de querer tener la respuesta a todo, creer que si haces las cosas bien saldrán de una manera, abre los ojos, la vida hacia adelante tiene múltiples posibilidades y hacia el pasado no hay error alguno, deja de arrepentirte, deja de juzgar tu pasado, hiciste lo mejor que pudiste, martirizarte así no cambia ni tu presente ni tu futuro, te estanca en un estado negativo dónde la vida sólo se va.

Suelta tú pasado, perdónalo, pero sobre todo observa que todo es perfecto, fue perfecto, si tan sólo te permites ver todas las fortalezas y sabiduría que te ha dejado. Si tan sólo dejaras de comparar tu vida con la de los demás, tu vida no puede tener comparación, cada quien tiene su propósito, lo que vino hacer y lo que tenía que pasar para poder hacerlo, eres única, eres perfecta con tu pasado tal y como fue.

Ámalo, hónralo y déjalo ir. Yo no vivo en el pasado dijo Mercedes, entonces Ella le contestó, observa cuántas veces al hablar estás haciendo referencia a tú pasado. Déjalo ya, deja de mirar atrás para poder avanzar, pero antes de dejarlo debes honrarlo para que te quedes con los aprendizajes.

Sobre el futuro Mercedes, quieres encontrar y tomar la decisión perfecta, correcta y exacta, no te quieres equivocar, usas tu mente dando vueltas en lugar de crear y dejarme crear milagros a través de ti. Fluir y sólo vivir.

Existen mujeres hipnotizadas y esclavas del futuro, las mujeres que viven en el futuro, el ego las tiene trabajando a marcha forzada, normalmente esas mujeres tienen la mirada perdida, hablan sin pausa y se desconectan de su ser interior.

Yo te invito a ser un árbol que da fruto, no se esfuerza, ni es guiado por el ego, el árbol sólo permite que el milagro de la vida transite por su ser.

Recuerda que en realidad lo que pase en el futuro no es tan importante cómo lo que harás con él. Lo que pase en el futuro es y será perfecto pues todas son piezas perfectas que estarán transformando tu vida.

Sueña y desea, recuerda que a veces el deseo viene de un lugar engañoso cómo el ego. Para que el no entre, ten sueños y después suéltalos.

Puedes agradecer anticipadamente que tienes el trabajo perfecto para ti, tal vez te encantaría iniciarlo en un determinado lugar, puedes decir que, si es para ti así será y si no lo es, no lo quieres, pues sólo deseas lo que sea para tu más alto bien.

Entonces lo has soltado, el deseo no se vuelve tu dios, no se vuelve una condicionante, tenerlo o no tenerlo, no te hace sufrir, estás dispuesta a crear esa realidad sólo si es algo que está disponible para tu mayor evolución.

Imagina que un día alguien te llama, te das cuenta que todo se va abriendo para tener ese local que tanto esperabas, de pronto sabes que alguien más llamó al propietario y que ofrece más que tú. ¿Qué haces? Entras en pánico, rogando que esa otra llamada no prospere, te estresas sufriendo por que si se concreta tú ya no podrás tener ese local, te culpas por no tener más dinero.

Recuerdes tu deseo sin apego, en este caso, el deseo sin apego es decir algo como lo siguiente, me encantaría tener ese local pero no lo quiero si no es para mí, pero si lo es te agradezco que has abierto las puertas, lo que es mío nadie me lo puede quitar, pues es mío, me pertenece por derecho divino, lo que no es mío no lo quiero.

Entonces Mercedes dijo, es verdad, cuando empiezo a confiar y dejar de aferrarme, todo comienza a fluir en mi vida. Deja te cuento mi historia dijo Mercedes.

Por muchos años trabajé creyendo que si trabajaba arduamente día a día, sudando y sufriendo un día llegaría la recompensa, nada más lejano a la realidad, sólo quedé exhausta sin haber disfrutado muchas cosas de mi vida.

Un día me cansé y dije basta, empecé a fluir con la vida, descansaba más y hacia más cosas que me hicieran elevar mi vibración. Pensaba que nunca lograría el sueño de una casa propia. Entonces disfruté de la vida, empecé a trabajar de una manera diferente, con más disfrute y más fluida.

Entonces algo pasó, conocí a una persona que había recorrido un camino semejante al mío, pero ella tenía el resultado que yo tanto había deseado, su trabajo era exitoso, su economía era maravillosa y de verla me desplomé. Me culpé por no tener lo que ella había logrado, pensaba en mis errores, mi cobardía, lo que me impidió llegar, no había alcanzado mi sueño y esa chica frente a mí lo tenía, sólo pensaba ella sí pudo y yo no.

Esa noche regresé a casa y comencé a llorar en mi cama, hundida entre mis almohadas sentía que sólo había perdido mi tiempo, fue cuando de pronto Ella apareció y me dijo ¿por qué lloras? Entonces le contesté enojada, todo de lo que me hablaste de fluir y confiar, todo eso son mentiras, Ella y yo teníamos meses hablando, cuando terminé de decirle a Ella lo que tanto me enojaba, el coraje se había ido, su sola presencia tiene la capacidad de transmitirme serenidad.

Entonces Ella sonrió, como cuando una madre se ríe de la gracia de un hijo pequeño, la inocencia y ternura de esas emociones tan genuinas, tan fáciles de resolver.

Ella dijo, cuando esa chica llegó fue para mostrarte hacia dónde vas, te pasa a ti y le pasa a muchos, creen que por ver lo que tano desean en otros es porque no es para ellos. Quiero mostrarte que así te verás, sigue fluyendo que cada vez se acerca más. Sólo confía y cuando lo veas en otros agradece.

Di gracias, ya estoy más cerca, esto es posible para mí, es una señal de que la respuesta es sí, alégrate porque tu hermano o hermana ya lo tiene y sigues tú.

Imagina que estas en la fila de repartición de un pastel pero no alcanzas a ver al pastel ni a quien reparte, entonces ves pasa a un lado de ti alguien comiéndose un pastel riquísimo y te sales de la fila enojada porque a ti no te toca y a esa persona sí.

Lo que en realidad está sucediendo es que en la fila ya hay uno menos y esa persona te está mostrando cómo estarás y cuándo tú tengas tu porción de pastel serás la inspiración para otros. Eres merecedora de lo que tu alma desea, casa vez estás más cerca.

Cuando Ella me explicó no fue suficiente para mí y le pregunté, ¿por qué tengo que esperar, por qué hay tantos delante de mi, si eres la abundancia misma no tienes para todos al mismo tiempo?

Entonces Ella se rio y me dijo, ¿en realidad crees que hay gente enfrente de ti y estas esperando a que le dé a ellos para después darte a ti? ellos no existen, cada uno de ellos son tus creencias inconscientes para no vivir tus deseos, ellos son tus ideas limitantes y erróneas, tu ego, tu falta de merecimiento, tu auto sabotaje, tu creencia de que aún falta, yo estoy dispuesta a esperarte una eternidad para que se vayan desvaneciendo esas barreras con las que te impides llegar a todo lo que te pertenece por derecho divino.

Entonces lo entendí, me levanté de esa cama y comencé a agradecer cada vez que miraba un negocio exitoso, sobre todo relacionado a lo que yo me dedicaba.

Y de pronto, disfrutando de mi vida, sucedió, las cosas comenzaron a florecer en uno de mis proyectos, uno que no le tenía mucha fe, pensaba que de eso no se podía vivir, de hecho lo hacía sólo por diversión, me gustaba y no estaba mal una entrada extra de dinero. Lo vivía sin estrés, si algo me sacaba de mi centro, de disfrutar mi presente, lo soltaba y lo dejaba ir, si no es para mí no lo quiero, pero si es para mí permitiré que me alcance.

Yo sigo haciendo lo que me gusta, mi trabajo, pero jamás volveré a ser esclava de creer que tengo que encontrar algo allá afuera para estar feliz, satisfecha, deje de creer que sólo haciendo mucho lograré mis sueños y que sólo ese día que lo tenga seré valiosa, exitosa y próspera, no ya no, ahora sólo me permito ser.

Todo se comenzó a acomodar, ahora disfruto de un trabajo abundante, esto sucedió cuando solté, cuando fui libre y entonces sucedió, si hubiera seguido por el camino del ego en el trabajo y el esfuerzo seguiría queriendo más y queriendo encontrar algo allá afuera que sólo está dentro de mí. Pero cuando solté, le permite llegar a mí, le di permiso a Ella de entrar a mi vida y sanarme, quitar cada creencia que me impedía darme cuenta que lo que anhelaba ya vivía dentro de mí.

Capítulo 13
Llegó la hora de cuidarte

Ajetreada todo el día y aun así te culpas de no tener más tiempo para dar, más tiempo de calidad para los demás.

Lucía es hora de volver sagrado tu tiempo, dijo la energía femenina.

Mientras Lucía se disponía a elegir la ropa que usaría, la energía femenina la observaba con amor recordando de dónde venía todo.

Lucía mientras elegía su ropa, ya tenía una lavadora andando y el desayuno de los niños estaba en proceso, mientras hacía estas tres cosas pensaba en lo que su jefe le había pedido, al mismo tiempo no dejaba de pensar en aquellas cosas que le encantan y esos proyectos que son anhelos no cumplidos.

Da un respiro profundo para despertar a sus hijos con amor, para que ellos tengan un día maravilloso, es entonces que recuerda que aún faltan cosas por concluir y el reloj no se detiene, Lucía no se da cuenta y su día sigue, su esposo se levanta y le pide aquellas cosas que podría hacer por el mismo sin embargo Lucía piensa que una buena esposa debe servir a su esposo, además Lucía desde pequeña confundió el amor con volverse necesaria y complacer a los demás.

Tal como transcurre su mañana, así transcurre el día de Lucía, atenta a su trabajo, la comida, los hijos, la pareja, su madre, las plantas, los pendientes, la dieta, el informe de mes. Así también transcurre su vida.

¿Y dónde está Lucía? Llegó el fin de mes y con ella llega el periodo de Lucía, después de un mes de dar y dar termina exhausta. Con justa razón su cuerpo le pide aislarse, sólo quiere estar sola y llorar, a veces ni a esto obedece, quiere seguir al mismo ritmo que semanas anteriores, su cuerpo cansado le manda un dolor de cabeza que la obliga ir a la cama, pero aun así ella se siente culpable por no estar rindiendo, se siente enojada por no recibir ayuda, se siente vulnerable, exhausta, sensible y con las emociones a flor de piel, pero sobre todo se siente triste. Y fue ahí cuando estando en su cama con este torrente de emociones Ella vio la oportunidad de comenzar el diálogo. Si mi niña estas triste, Lucía ¿me escuchaste?, estas triste, ¿por qué? dijo Lucía, entonces Ella le preguntó, ¿dónde está Lucía? No lo sé dijo llorando Lucía. Ella le respondió, está abandonada, te abandonas por un mes y sólo estos días te permites regresar a ti, regresas llena de culpa por la forma en que vives y por tener días como este, aunque en realidad que llegues así al final del mes es más el resultado de tu abandono durante todo el mes.

Mírate día a día, mira tus horarios, dime cuánto tiempo es para ti, para conectar conmigo, con la naturaleza, para alimentar tu alma o tu espíritu y no hablo de que tienes que poner una cita conmigo todos los días a las cinco de la mañana, hablo de cuánto de tus actividades y horarios están dedicados a ti, a darte amor, a pasar tiempo contigo y conmigo, a descansar, a disfrutar, a ir con el paso más lento.

Estás disponible para todos, menos para ti, así te abandonas.

Sin darse cuento Lucía y Ella ya estaban caminando a orilla de la playa, entonces Ella le dijo, mira tus manos, mira la piel de tus manos, la piel de tu cara. Siente y cuéntame como es.

Es reseca, hipersensible, por eso mi piel se enrojece con facilidad.

Tú piel refleja el autocuidado y las emociones, no te nutres, no te cuidas, tu piel reseca te está hablando, te está reflejando, le dijo Ella.

¿Por qué me descuido? Por qué no puedo poner mis necesidades en primer lugar o por lo menos a la par que los demás, lo he intentado pero termino dejándolo, Ella le dijo terminas abandonándote.

Quiero que veas esto dijo Ella, de pronto Lucía comenzó a mirar, se vio de pequeña, era una niña hermosa, era una niña con muchas necesidades y Lucía comenzó a mirar que mamá estaba muy ocupada, estaba con sus propias cargas, preocupaciones y labores, entonces la niña no quería ser una carga más para mamá, las necesidades de mamá eran más importantes,

Así fue como aprendiste, así es como te dejas y te abandonas, aprendiste a no mirar tus necesidades, aprendiste a ponerlas en último lugar, porque los demás tenían necesidades más importantes que las tuyas, es por eso que no te miras. Mamá no te pudo enseñar que tus necesidades eran importantes y cómo cuidarlas, en realidad ella no podía con sus propias necesidades.

Entonces Lucía comenzó a llorar al ver a su niña con necesidades y cómo las ignoraba por amor a mamá. Lucía impresionada le dijo a Ella. ¿Qué hago? No quiero seguir así, ¿cómo cambio la historia? creo que estoy haciendo lo mismo con mi hija sin darme cuenta, estoy tan ocupada haciendo cosas por ellos y para ellos, que me olvido de estar con ellos.

Así es dijo Ella, si no estás para ti, en realidad no estas para nadie, está tu servicio y tu hacer pero no tu ser. Al final de tanto hacer quedas exhausta y con relaciones de poca esencia.

Es hora de salir del abandono, por ahora comenzaremos con una promesa a esta niña.

Dile a esta niña que acabas de mirar, "Mi niña de ahora en adelante mis horas son sagradas, intocables y no negociables, son horas para ti, ese tiempo que antes nadie nos dedicó hoy prometo dedicarlo yo, eres tan valiosa e importante como los demás, ahora nos toca a nosotros sólo, así podremos amarnos y amar mejor a los demás".

Después de ese día Lucía miró su horario, comenzó a mirar cómo podía empezar a salir de ese torbellino de actividades que se había metido y por fin eligió sus horas sagradas

Lucía empezó a bajar el ritmo, al inicio todo empezó a fluir mejor y de maravilla, comenzó a incluir sus horas sagradas, inamovibles, como su hora de yoga, su caminata, su café con la amiga que enriquece el alma, su momento de apapachar el cuerpo con un masaje, el tiempo para pintar, su baño de descanso. Todo esto comenzó a aparecer en el mapa de su vida, empezó a tener sus horas sagradas, la hora de meditación y lectura que alimentaban su alma.

La historia de abandono se reflejada en el auto cuidado de cada mujer, en su falta de tiempo para ella misma pero esto quedó en el pasado para Lucía gracias a sus horas sagradas.

Capítulo 14
Estoy enojada

Mónica como muchas mujeres tienen temas que la enojan, el de ella es de pareja pero en realidad puede ser cualquier tema, a veces desean sacar ese enojo, no toleran más el silencio, son como niñas buscando una madre que las escuche y aconseje, que les muestren el camino, muchas de ellas lloran y dicen que no le pueden contar esto a su mamá pues no la quieren preocupar o no las sabe escuchar.

Ante esta situación de mucho enojo sólo están buscando permiso para enojarse y consejo para procesar sus emociones.

Como una hija que crece pero después de un tiempo llega a casa para buscar a su madre. Mónica esta entrando en una casa hermosa, deja sus cosas y rápido quiere encontrarla.

Estando frente a ella le dice, me siento muy enoja, me siento molesta, no tolero más, me molesta todo. Siento que me lleno de resentimiento, si sólo dijera lo que pienso, tengo ganas de gritar, tengo ganas de romper cosas, ahorita no quiero sentir amor, quiero estar enojada.

Estoy enojada y quiero estar así, sólo me importa esto que siento, sólo así de enojada no me duele todo lo anterior.

Cuando me enojo sólo quiero estar enojada, quiero que me digas que está bien que este enojada, quiero que sientas mi enojo, busco tu empatía y permiso para sentirme así.

Entonces Ella, la mira y le dice, y ¿qué harás después de quejarte, que harás después de gritar y decirme cuán enojada estás?.

Cuando te pregunto qué harás, hago una llamado a tu adulta, pues la enojada es una niña, lo primero querida hija, quiero que reconozcas a la niña que habita dentro de ti que está enojada, quiero que veas que ella de niña, nunca le fue reconocido su coraje, su ira, le quitaban el amor o le decían que no era cierto y no era válido.

Esa niña está muy lastimada, llena de ira reprimida. Por eso le cuesta tanto amar, ama cuanto está feliz, pero le cuesta amar ante el error del otro, el defecto del otro, el enojo del otro, pues a ella nunca la amaron así.

Lo primero es sanar esa niña, así que está bien que estés enojada, es entendible, es razonable, quieres que alguien te valide el enojo y vienes aquí a que te diga que tu enojo es válido. Y lo es, claro que es válido.

Y recuerda que después de sentir tu enojo es importante ver ¿qué haces con tu enojo? esa es la diferencia, entre un buen o mal manejo del enojo. Recuerda que tu enojo es fuerza y que detrás de tu enojo hay dolor y tristeza,

Estas en ese proceso querida Mónica, aprender, aprender a amar con compasión, amar el error, la equivocación. Amar como es, amar lo que es, pues nada de eso te define, recuerda que lo que te define es lo que haces con eso.

Ella, afirmó: es hermoso que te escuchen.

Mónica: Sí.

Ella: es hermoso, lo sé, lo veo en tu cara y lo siento en tu ser.

A veces el secreto está en saberte escuchar, validar tus emociones, darles tiempo, dejarla sentirse y hablarte con amor, sobre todo cuando menos lo mereces, en realidad es cuando más lo necesitas. Escúchate y háblate con amor, se compasiva contigo misma, sobre todo si estas enojada.

Capítulo 15
Perder para ganar

Ni siquiera tocó la puerta y sólo entró, devastando todo a mí alrededor, recordé a mi amiga cuando a ella le sucedió, jamás pensé que llegaría a mí pero llegó. Me temblaba el alma sólo de recordar que mi amiga no pudo más y nos dejó. ¿Qué pasará conmigo? Mis hijos, mi esposo. ¿Qué caminar nos espera? Y lo peor, ¿qué desenlace?. Esas y más preguntas me hacía en aquel entonces.

Sin embargo el tiempo pasó, las quimios llegaron, los doctores pasaron, los llantos, el dolor, hace unos meses que pasó todo lo vivido, ahora mi vida ha cambiado. Agradezco en el alma a la mujer que tomaba su tratamiento a lado mío, Ella me inició en esto de sanar el alma.

¿Cómo describirla? una mujer que a pesar de lo que estaba viviendo su actitud ante la vida era extraordinaria, digna de admirarse, recuerdo que muchas veces nos tocaba recibir juntas el tratamiento.

Cuando llegaba y la miraba, sabía que sería un buen día para mí. Estando juntas la primera vez, me preguntó mi nombre y sin más comenzó a indagar mi vida. Me transmitía tanta confianza que comencé a hablar, Ella después de varias pláticas y llantos me dijo, no dejes esto en vano, no sabemos si sanará nuestro cuerpo o no, pero si podemos sanar el alma, busca trascender temas de vida, darle significado a la vida y lo vivido.

Perdí tantas cosas en el camino, pero justo eso me enseñó Ella, cuando crees que pierdes, algo ganas, observa bien.

Recuerdo cuando perdí el cabello y gané amarme sin apariencias. Cuando perdí la fuerza, gane aprender a recibir. Cuando perdí la salud me aferre más a la vida. Cuando perdí actividades aprendí a priorizar lo importante en la vida. Perdí la prisa y gane tiempo.

Perder para ganar, era su lema, cuando crees que estás perdiendo busca que estas ganando, no hay uno sin el otro, no es fácil mirarlo, a veces es cuestión de tiempo, pero estar abiertos a mirar para evolucionar.

Perdemos la vida física para ganar la vida en la eternidad, esa fue la última nota que Ella me dejo, Ella me ayudó a perder el miedo a vivir.

Capítulo 16
Preguntas para Ella

Luisa le preguntó, ¿Dónde estás? ¿Dónde te encuentras?

En todo y en todos

¿Cómo es en todos? Cuando los ves a todos, me ves, cuando ves un árbol me ves. Mira la naturaleza y su sutil movimiento, mira las hojas moverse por el viento, ahí estoy.

Siempre estoy, mirándote con amor y compasión, esperando paciente como quien espera que el caparazón se abra.

¿Paciencia? Dijo Esther, sí, hay que esperar paciente, pero no la paciencia mental, es más una paciencia del alma, es una paciencia que lo sabe, sabe que todo llega, el tiempo llega y las situaciones cambian.

La paciencia con sonrisa, la paciencia que se ríe cuando las cosas no van como queremos, esa sonrisa mezclada de paciencia son poderosas.

La sonrisa abre la puerta al porvenir, abre las puertas de hierro.

Pero ¿de dónde saco mi sonrisa? Dijo Clara, de tu espíritu mi querida Clara, de tu espíritu que te recuerda que somos más que carne. Que te recuerda quién eres y sabe cuál es la verdad.

Y la muerte, háblame de ella dijo Natalia, ahí también estoy, en el gran dolor que sólo es una ilusión, sostengo y abrazo a los seres cuándo encorvados lloran a sus muertos. Los abrazo esperando con amor que el dolor salga en un grito ahogado o en su grito que llega al infinito. Espero que puedan ver que la muerte es ilusión, pues el alma, el espíritu no muere. Si nos quedamos con la falsa ilusión de la muerte es difícil trascender el dolor que causa.

Practica verme cuando ves a los demás, mírame en su rostro, en el rostro de todos, también en el rostro que miras cuando ves el espejo.

Para encontrarme, mira dentro de ti, cierra tus ojos para que todo lo que no es real desaparezca, respira para que la vida entre, regresa a tu centro y ahí estoy justo en el centro de tu ser, en el silencio y la meditación. Ahí me puedes encontrar

Gabriela le preguntó

¿Por qué dicen que tú eres el sí? Lo femenino, dice sí, aun a las cosas que pueden ser dolorosas, pues la confianza viene de algo más grande. Me rio del porvenir pues sé que las cosas son por algo y para algo, es un diálogo con la vida, es ver que por algo suceden las cosas, todo tiene una enseñanza, un aprendizaje, la vida tiene sus secretos.

Confía hija en la vida, confía pues ella es sabia, confía por que no estás sola, confía por que el amor tiene sus propios caminos, camina segura y sonriendo. Mientras más me dejas ser parte de tu vida más sonríes, mientras más presente me haces más disfrutas.

Para que afanarse, descasa, las cosas tienen su sentido

No temas al dolor, el dolor es parte de la vida, enfréntalo, reconócelo. Eso te hace más fuerte. Te dejaré cerca mi aroma, cuándo lo necesites respira profundo y recuerda que estoy contigo.

¿Que son los límites? Pregunto Alma

Los límites son humildad. Es una forma de decir no puedo todo, no puedo con todo, hasta aquí puedo, necesito de los demás. Es una forma de ser pequeño ante los demás y permitirles a los otros ser más fuertes que nosotros, con humildad.

Regularmente las mujeres que hacen todo y son controladoras tienen problemas con los límites, pues se vuelven súper mujeres, si no lo hacen ellas ¿Quién?, hacen demás por los demás, no pueden decir que no, todo deben controlar pues así son la fuertes, las que tienen el control.

Es curioso que ponerle límites a nuestros hijos les da humildad, un niño a quien no le ponen límites se vuelve tirano, se siente todo poderoso y merecedor.

¿Cómo le ponemos límites a nuestros hijos dijo Gloria?

Cuando pensamos en poner límites creemos que debemos ponerle límites a los demás eso es imposible, yo no puedo limitar a nadie, ni a mis hijos.

A la única persona que puedo poner un límite es a mí misma, por ejemplo, yo no me permitiré hacer esto, después de dar la regla a mi hijo no esperaré a decirle tres veces más, me pondré un límite a mí misma ante la educación o consecuencias a mis hijos.

A veces puede suceder que me cuesta ponerme límites, cuando reconozco que yo sola no me puedo poner un límite es momento idóneo de pedir ayuda de un Ser Superior.

Pero me cuesta mucho decir que no.

Te cuento tres verdades de decir que no:

1 - El no de alguien es mejor que el sí que es falso. Imagina a una amiga que siempre te dice que sí, entonces nunca sabrás cuando un sí de ella en realidad era un no. Decir que no y que nos digan que no, nos ayuda a saber que el sí, es verdadero.

2 - Cuando no digo que no, termino gritándolo. A veces creemos que por no decir el no, verbalmente, no pasará nada. Sin embargo el cuerpo no miente, nuestra mirada, nuestras acciones, la tensión muscular, la actitud y el estado de ánimo delatan nuestro verdadero no. Si por mucho tiempo me trago mis no, los terminaré gritando en el peor momento.

3 - Cuando digo que no estoy diciendo que si a otra cosa y viceversa. Las personas a veces les cuesta decir que no pues no están mirando a lo que le están diciendo que sí. Cuando le dices a una amiga, hoy no saldré al café, puede ser que estás diciendo un sí a ti, le estas diciendo sí a pasar tiempo contigo. Recuerda que cuando digas que no, observa a que le estas diciendo que sí.

Mayra le preguntó ¿cómo salir del auto sabotaje?

Muchas personas sufren pues se auto sabotean, se ponen metas, dan sus primeros pasos pero a la mitad o casi por lograrlas algo sucede que no llegan y si llegan pasa algo para perder eso que logró.

Esto se debe a que en el inconsciente hay una creencia de no merecer eso que tanto se desea, no importa cuánto se esfuerce, no lo puede lograr pues esa creencia está en el inconsciente.

Dos estrategias para vencer el auto sabotaje:

Busca y medita, dónde o cuánto aprendiste que tú no mereces eso, busca de qué forma lo habrás aprendido, quién te lo pudo haber dicho sin querer, qué viviste o cómo viviste que interiorizaste que tú no eres merecedora de lo que deseas.

Si logras encontrarlo te invito a que trabajes esas creencias en terapia hay muchas técnicas buenas que te pueden ayudar a borrar esas creencias o incluso si no las encuentras que te ayuden a encontrarlas.

Una vez que encontraste y comenzaste a borrar estas creencias te recomiendo lo siguiente para salir del auto sabotaje, se llama, acción.

La acción es hacer a pesar de lo que sientes o pienses, no importa nada, sólo haz y después de hacer no creas que se desvanecerá lo que sientes y piensas, tendrás que seguir haciendo, hay que seguir en la acción, no esperes a sentirte bien para hacer lo que deseas hacer.

Las personas exitosas piensan y sienten igual que tú, la diferencia es que ellos están dispuestos a tolerar los pensamientos y pagar el precio de lo que pensarán o sentirán,

Así que con dudas o miedo, acción.

Recuerda vivir una vida congruente, Busca lo que quieres, ama lo que haces, ponte límites, mereces la vida que deseas, sigue conociéndote, eres maravillosa, más de lo que ves, busca sintonizar tus pensamientos, emociones y acciones. No es lo que otros piensen u opinen, esta es tu vida y la congruencia crea milagros.

De regreso a casa.

Durante la pandemia del 2020 formé un taller maravilloso de mujeres, estábamos todas en un momento de introspección tan importante que ahí surgió esta necesidad de reconectar con lo femenino. Este taller lo denominé "El poder de tu jardín".

Le llamé así pues creo que todas las mujeres llevamos dentro un jardín lleno de flores, lleno de belleza, tienen un jardín con aromas que hacen reposar el alma, tienen plantas medicinales para sanar corazones y poseen árboles llenos de sabiduría

Sin embargo la historia de nuestra vida y las heridas del alma han hecho que el jardín sea inaccesible para algunas mujeres, por lo cual se encuentra abandonado.

En este taller conectamos con lo femenino, vamos por un viaje de regreso a casa a nuestra feminidad, a nuestras características ancestrales, la necesidad de ser un círculo, de ser tribu, de ser grupo y apoyo, el camino para reconectar con lo femenino incluye varios lugares que necesitan ser visitados para llegar a nuestro sagrado femenino, es mucho mejor ir en grupo.

Esos lugares son sanar la herida paterna, muchas mujeres nacieron sabiendo en el alma que papá deseaba varón, otras mujeres al nacer vieron que mamá no podía con papá y ellas buscaron la manera de ganarse al padre para que no las dejara, de grande es la hija que se siente más identificada con su padre que con su madre, su madre o hermanos es muy común que le digan tu habla con él, a ti si te hace caso.

Otras mujeres vivieron situaciones dolorosas con el padre, algunas otras su padre era su héroe pero llegó un momento dónde el héroe cayó del pedestal. Algunas su padre las abandonó o murió.

La hija de papá es aquella que se llenó de energía masculina por diversas dinámicas familiares desde la búsqueda del padre por su ausencia hasta la caída del pedestal o la hija pareja del padre, estas dinámicas y algunas otras generan a la hija de papá.

Si deseas profundizar más sobre el tema tengo un Podcast "Paciente anónimo" el capítulo "La hija de papá" podrás escuchar más a fondo sobre este síndrome.

En el taller después de sanar la herida de papá vamos a una herida más profunda la herida con la madre, ese vínculo entre una madre e hija se puede rompe por muchas razones, desde muertes tempranas de bebés, orfandad en el árbol genealógico, todo ello y más dinámicas hacen que la hija y la madre no puedan conectar. Si deseas conocer más sobre esta herida en el Podcast puedes encontrar los episodios de "La herida materna".

En el taller comenzamos como grupo a reconectar con lo femenino y sus cualidades, desde la intuición, el placer, la espiritualidad, la sabiduría, la pertenencia a un grupo y el apoyo entre ellas.

Si te sientes identificada con este libro, si la energía femenina te está llamando y deseas reconectar con ella, activar sus virtudes en ti, puedes ser parte del poder de tu jardín.

Agradecimientos

Gracias Dios por permitirme ser mujer, por sanarme y llevarme por este camino, por permitirme conectar con la energía femenina, es un deleite coincidir con mujeres maravillosas y acompañarlas a reconectar con el lado femenino de Dios.

Gracias por tan hermosa tarea.

Gracias a todas mis lectoras y este tiempo que pasamos juntas, espero lo hayas disfrutado y que tu vida se enriqueciera, mientras escribía, disfruté mucho pensando en ti, es un libro que me di tiempo para escribirlo y disfrutarlo, conectar con el sagrado femenino para ser un canal y poder bendecir a las personas que lo leyeran.

Gracias y deseo que la energía femenina te enamore.

Mis redes sociales son :

Facebook Psicadrianacuna.

Instagram Psicadrianaacuna.

Correo. familiasmaspadres@gmail.com

Otros títulos de la Autora.

❖ Padres de carne y Hueso. Educa a tus hijos sin dejar de disfrutar.

❖ Amor a manos llenas. Tres leyes que todo padre y maestro debe conocer.

❖ El encuentro. Cómo cambiar tu historia de dolor en una de amor.